Rédaction : Domitille Hatuel
Conception graphique : Nadia Maestri
Mise en page : Emilia Coari
Illustrations : Mario Benvenuto

© 2003 Cideb

Tous droits réservés. Toute représentation ou reproduction intégrale ou partielle de la présente publication ne peut se faire sans le consentement de l'éditeur.

L'éditeur reste à la disposition des ayants droit pour les éventuelles omissions ou inexactitudes indépendantes de sa volonté.

Pour toute suggestion ou information la rédaction peut être contactée à l'adresse suivante :

www.cideb.it

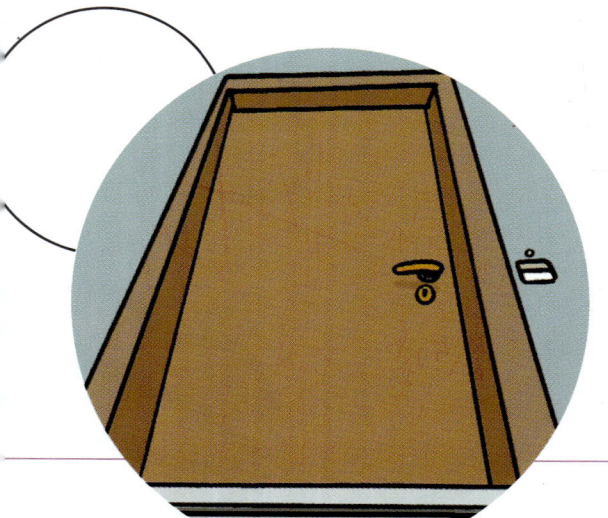

ISBN 978-88-530-0076-7 livre + CD

Imprimé en Italie par Litoprint, Genova

Sommaire

Chapitre	1	**Seule à la maison** ACTIVITÉS	5 9
Chapitre	2	**Quatre filles bien sympas...** ACTIVITÉS	18 22
Chapitre	3	**Un étrange individu** ACTIVITÉS	31 35
		Le système scolaire en France	44
Chapitre	4	**Traquée !** ACTIVITÉS	51 55
Chapitre	5	**Toutes pour une...** ACTIVITÉS	66 69

Chapitre 6	**Les filles passent à l'attaque**	76
	ACTIVITÉS	80
	Projet Internet	88
Chapitre 7	**Pris sur le fait !**	90
	ACTIVITÉS	94
Chapitre 8	**Tout ça pour rien**	101
	ACTIVITÉS	105

 Le texte est intégralement enregistré.

DELF Les exercices qui présentent cette mention préparent aux compétences requises pour l'examen.

Chapitre 1

Seule à la maison

Alors, vraiment, ma chérie, tu n'as pas peur ? On peut te laisser toute seule ?
— Mais oui, il n'y a pas de problèmes ! Je ne suis plus une petite fille ! Vous pouvez être tranquilles ! »

Cécile est debout devant ses parents. Les mains sur les hanches, elle semble décidée, sûre d'elle. Elle n'a que quinze ans, mais c'est elle qui doit rassurer son père et surtout sa mère.

« Il n'y a pas de problèmes ! Je vais regarder un peu la télé, et puis j'irai me coucher. Jusqu'à demain soir, qu'est-ce qui peut m'arriver ?

— Bon, écoute, voilà le numéro de la police, le numéro du docteur, celui de...

— Mais enfin maman, ça suffit ! Je peux bien rester une nuit

Qui file Cécile ?

toute seule à la maison ! Allez donc voir Mamie à Nice ! Elle a besoin de vous ! Le taxi vous attend, si vous ne partez pas, vous allez rater votre train [1] ! Partez tranquilles ! Et embrassez bien Mamie pour moi ! »

Mme Rolland regarde son mari, puis sa fille. Elle doit partir pour Nice. Sa mère s'est cassé une jambe, elle est à l'hôpital, elle a besoin d'elle. Elle soupire, et embrasse Cécile.

« Surtout, fais bien attention, n'ouvre à...
— Maman, ça suffit, au revoir ! Au revoir, papa ! À demain soir... » Cécile pousse ses parents vers la porte, elle les suit dehors.

Le taxi démarre [2]. Le ciel devient sombre, le vent se lève. Un bel orage se prépare, on entend déjà le tonnerre. Elle rentre vite à la maison, car il fait très froid.

Quelle histoire ! Elle est assez grande pour rester seule vingt-quatre heures ! Dans la cuisine, elle ouvre le frigo. Elle prend le pot de mayonnaise, un morceau de camembert, une bouteille de coca, une tablette de chocolat aux noisettes. Elle met tout sur un plateau, et elle passe dans le salon. Elle se laisse tomber sur le canapé. Enfin tranquille ! Elle allume la télé, et elle zappe [3] quelques secondes...

Dehors, le tonnerre se rapproche. Il fait noir, et des éclairs illuminent le ciel. Sur France 2, des hommes politiques discutent... Sur TF1, encore un jeu idiot... Décidément, il n'y a rien d'intéressant ! Elle regarde les programmes de télé dans le

---

1. **rater son train** : ne pas réussir à y monter parce qu'on arrive à la gare trop tard.
2. **démarre** : part.
3. **elle zappe** : elle passe d'une chaîne à l'autre avec la télécommande.

Qui file Cécile ?

magazine... Heureusement, dans dix minutes, il y aura un film avec Tom Cruise sur Canal Plus ! Cécile reprend la télécommande et zappe de nouveau. La tablette de chocolat est presque terminée. La 7, TF1...

« Quoi ! Ce n'est pas possible ! »

Elle ouvre de grands yeux... Mais oui, c'est bien elle, cette fille, avec son cartable sur le dos. Sa photo passe à la télé ! Elle se rapproche de l'écran : « Bonne fête Cécile, de la part... »

On entend un bruit terrible. La maison tremble, et se retrouve dans l'obscurité ; l'écran est noir, muet. La foudre [1] est tombée tout près.

« Non, ce n'est pas possible ! »

Cécile est stupéfaite : sa photo est passée à la télé, quelqu'un lui a souhaité sa fête... Mais qui ?

Il est tard, la lumière ne revient pas ; Cécile décide d'aller dormir. À tâtons [2], elle trouve une lampe de poche dans un tiroir et monte dans sa chambre. Elle se couche, elle serre bien fort son ours en peluche contre elle, et elle s'endort.

---

1. **la foudre** : décharge électrique entre deux nuages pendant l'orage.
2. **à tâtons** : dans le noir, elle touche les objets pour savoir où elle va.

ACTIVITÉS

Compréhension orale

DELF 1 **Écoutez l'enregistrement et cochez la bonne réponse.**

1. Cécile a
   - [ ] seize ans.
   - [ ] quinze ans.
   - [ ] vingt ans.

2. Cécile
   - [ ] rassure ses parents, elle peut rester seule.
   - [ ] demande à ses parents de ne pas la laisser seule.
   - [ ] elle rassure ses parents, elle appellera la police.

3. Les parents de Cécile doivent partir
   - [ ] parce qu'ils ont gagné un voyage.
   - [ ] parce que le père de M. Rolland est hospitalisé.
   - [ ] parce que la mère de Mme Rolland est hospitalisée.

4. La mère de Cécile
   - [ ] est contente de partir.
   - [ ] est inquiète de laisser son chien tout seul.
   - [ ] est inquiète de laisser sa fille seule.

5. Les parents de Cécile s'absenteront
   - [ ] une semaine.
   - [ ] un jour et une nuit.
   - [ ] deux jours.

6. Dehors,
   - [ ] il fait beau.
   - [ ] un orage se prépare.
   - [ ] il neige.

ACTIVITÉS

DELF 2 Écoutez de nouveau l'enregistrement depuis le début et répondez aux questions.

1. Comment s'appelle la jeune fille de cette histoire (nom et prénom) ?
   ....
2. Les parents de la jeune fille, qui doivent-ils aller voir à l'hôpital ? Pourquoi cette personne se trouve à l'hôpital ?
   ....
3. Comment les parents de la jeune fille se rendent-ils à la gare ?
   ....
4. Pourquoi rentre-t-elle immédiatement après avoir accompagné ses parents dehors ?
   ....
5. Que fait-elle une fois ses parents partis ?
   ....
6. Que regarde-t-elle alors ?
   ....

DELF 3 Écoutez une dernière fois l'enregistrement, puis dites qui dit quoi.

1. ☐ Elle a besoin de vous.
2. ☐ Tu n'as pas peur ?
3. ☐ Voilà le numéro de la police.
4. ☐ Fais attention.
5. ☐ À demain soir.
6. ☐ Vous pouvez être tranquilles.

a. la jeune fille
b. la mère de la jeune fille
c. le père de la jeune fille

ACTIVITÉS

Grammaire

Les verbes du premier groupe au présent

Les verbes du premier groupe ont l'infinitif en **-er** :
parl**er**, écout**er**...
Les désinences du présent sont : **-e, -es, -e, -ons, -ez, -ent**

   Tu écout**es** ; les enfants jou**ent** ; vous regard**ez**.

Attention : certains verbes présentent des particularités :

- Les verbes en **-ger** font **-geons** à la première personne du pluriel :
   Nous man**geons** du chocolat.
- Les verbes en **-cer** font **-çons** à la première personne du pluriel :
   Nous commen**çons** à travailler.
- Les verbes en **-eler** redoublent la consonne **l** devant un **e** muet :
   J'appe**lle**, ils appe**llent** mais nous appe**lons**.

1 Conjuguez au présent les verbes entre parenthèses.

1. On (*partager*) .... cet appartement avec des amis.
2. Cécile (*ne pas engager*) .... de détective privé.
3. Nous (*déménager*) .... demain matin très tôt.
4. Elles (*commencer*) .... leurs cours à neuf heures, leur professeur de maths est absent.
5. Tu (*échanger*) .... des jeux vidéo avec ton copain.
6. Nous (*avancer*) .... très lentement, il y a beaucoup de monde.

ACTIVITÉS

2 Mettez au singulier ou au pluriel les phrases suivantes selon le cas.

1. Tu commences à travailler à trois heures.
   Vous ....
2. Je mange à midi.
   Nous ....
3. Il appelle la police.
   ....
4. Vous appelez des amis.
   ....
5. Ils changent de train à Turin.
   ....
6. Je jette la poubelle.
   ....

Les adjectifs possessifs

Voici les formes des adjectifs possessifs :

MASCULIN	FÉMININ	PLURIEL
mon	ma	mes
ton	ta	tes
son	sa	ses
notre	notre	nos
votre	votre	vos
leur	leur	leurs

Ma maison ; **nos** parents ; **ses** frères.

Devant les noms féminins qui commencent par une voyelle, on emploie **mon, ton, son** :

Mon amie ; **son** école ; **ton** idée.

A C T I V I T É S

3 Voilà les recommandations de Mme Rolland pour sa fille. Complétez en utilisant les adjectifs possessifs.

1. Fais bien ……… devoirs !
2. N'oublie pas de prendre ……… médicament contre la toux.
3. En cas de besoin, n'hésite pas à appeler ……… tante Jacqueline.
4. Évite de prendre ……… mobylette pour aller au lycée, ……… bus part à sept heures et demie.
5. Surtout suis bien ……… recommandations !
6. Demande à ……… amie Caro de passer l'après-midi avec toi.

4 Transformez les phrases au pluriel. (Attention aux adjectifs possessifs !)

1. Je suis seule avec mon amie.
   ....
2. Elle parle avec sa cousine.
   ....
3. Elle pense à ses parents.
   ....
4. Tu joues avec ton frère.
   ....
5. Elle va voir sa grand-mère.
   ....
6. Je veux regarder mon programme préféré.
   ....

Production écrite

DELF **1** Écrivez un mot à votre ami(e) pour l'inviter à passer la soirée avec vous. Dites que vos parents sont partis parce qu'ils sont allés à Nice pour rendre visite à votre grand-mère.

ACTIVITÉS

Enrichissez votre vocabulaire

1 Recherchez dans le chapitre les mots appartenant au champ lexical de la télé et de la nourriture.

	LA TÉLÉVISION	LA NOURRITURE
verbes	elle allume…	manger…
substantifs	programmes…	la cuisine…

DELF 2 Que peut-on trouver dans les émissions suivantes ? (attention, certains mots peuvent être utilisés pour différentes émissions)

Les protagonistes

    des journalistes – des chanteurs – des danseurs –
    des hommes politiques – des acteurs – des invités –
    des animaux – des plantes – un modérateur – des insectes

Le sujet

    l'actualité – des histoires d'amour – un accident – la guerre –
    une conférence sur la paix – la science – la médecine –
    la musique – des échanges de points de vue – des sketchs

1. une émission de variétés   *des chanteurs, la musique*
2. le journal télévisé   ……………………………………
3. une série   ……………………………………
4. un téléfilm   ……………………………………
5. un documentaire   ……………………………………
6. un débat télévisé   ……………………………………
7. un reportage   ……………………………………

ACTIVITÉS

3 Trouvez la bonne définition.

1. *Un magazine* :
   - [ ] une boutique
   - [ ] une revue, un journal
   - [ ] un appareil

2. *Un écran* :
   - [ ] une douleur musculaire
   - [ ] une personne qui écrit des livres
   - [ ] une partie de la télévision

3. *La cuisine* :
   - [ ] la fille de votre tante
   - [ ] le haut de la jambe
   - [ ] une pièce de la maison

4. *La hanche* :
   - [ ] une partie du corps humain
   - [ ] la partie de vêtement où on passe le bras
   - [ ] une ferme aux États-Unis

5. *La foudre* :
   - [ ] ce que les filles mettent sur le visage pour se maquiller
   - [ ] une décharge électrique dans l'air
   - [ ] un grand nombre de personnes

Voici les mots correspondant aux définitions que vous avez écartées. Remettez-les en face de leur définition.

ranch	machine	cuisse	écrivain	foule
magasin	manche	poudre	cousine	crampe

A C T I V I T É S

Production écrite

DELF 1 Vous écrivez un mél à un ami. Vous l'invitez à venir regarder chez vous votre série préférée.

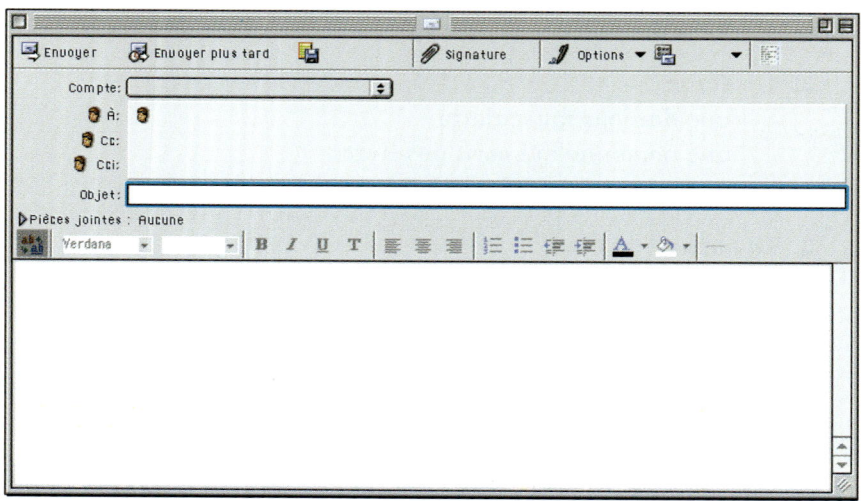

2 Dans ce chapitre, nous avons fait la connaissance de Cécile et de sa mère. Relevez toutes les indications sur ces deux personnages (physique, caractère...) et remplissez leur fiche signalétique.
Pour vous aider, voici quelques adjectifs.

> anxieuse   décidée   indécise
> énergique   gourmande   décontractée

Nom : ....
Prénom : ....
Âge : ....
Signes particuliers :
....
Caractère : ....

Nom : ....
Prénom : ....
Âge : ....
Signes particuliers :
....
Caractère : ....

ACTIVITÉS

DELF 3 Cécile écrit une lettre à sa grand-mère pour prendre de ses nouvelles. Elle espère qu'elle guérira bientôt et qu'elle viendra lui rendre visite durant les vacances de Pâques.

Détente

1 Mots croisés.

Horizontalement

1. On y dort bien – On l'appelle quand on n'a pas de voiture.
2. Pièce où en général on reçoit ses amis.
3. Préposition.
4. Participe passé du verbe pouvoir – Vient après le jour.
5. Terminaison de l'infinitif des verbes du premier groupe.
6. Elle tombe quand il y a un orage.
7. Métal précieux – Réponse affirmative à une question négative.
8. Une ville de la Côte d'Azur – Article indéfini.

Verticalement

1. Mot familier pour indiquer le nez.
2. Synonyme de « sorti ».
3. Adjectif possessif – Indique un choix.
4. Article défini – Dénomination d'Origine Contrôlée.
5. On l'entend quand il y a un orage.
6. 365 jours.
7. Le contraire de la mort – Participe passé du verbe savoir.
8. Pronom personnel sujet – On le prend à la gare.

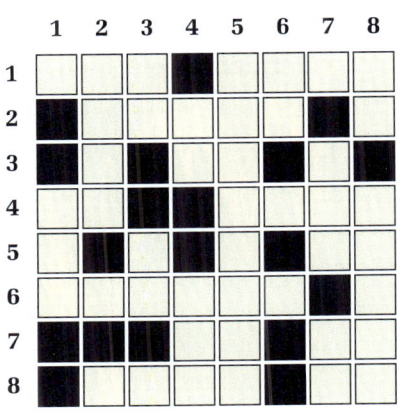

Chapitre 2

Quatre filles bien sympas...

Quand le réveil sonne à 7 heures, Cécile ouvre difficilement les yeux. Comme tous les matins, elle se dirige vers la salle de bains sans même regarder où elle va. Elle se lave le visage avec de l'eau fraîche, pour bien se réveiller.

Elle est seule à la maison, elle doit préparer son petit déjeuner, aller au lycée. Pendant qu'elle boit son café au lait, elle se rappelle : qui lui a souhaité sa fête hier à la télé ? Peut-être a-t-elle rêvé ? Au fait, la sainte Cécile, c'est quand ? Elle cherche sur un calendrier : mais oui, c'est aujourd'hui, le 22 novembre ! Alors elle n'a pas rêvé ! Mais qui a envoyé sa photo ?

Devant le lycée, elle retrouve ses camarades. Valérie, Aïcha,

Quatre filles bien sympas...

Sylviane sont déjà devant la grille. Elles bavardent et rient beaucoup.

« Tom Cruise ! Il est super sexy ! Vous avez vu quand il prend sa douche ? Ouah !

— Moi, je préfère Kevin Costner ! Tom Cruise, avec ses dents de lapin, il me fait rire ! »

Cécile les interrompt brutalement :

« Alors les filles, c'était vous hier soir ? »

Les trois filles surprises la regardent.

« Nous quoi ? Qu'est-ce qui t'arrive ? »

Cécile leur raconte sa soirée, leur parle de la télé, de sa photo, de la panne d'électricité provoquée par la foudre.

Ses trois camarades sont étonnées [1].

« Eh bien non, ce n'est pas nous ! On ne regarde jamais le calendrier ! Moi, ma fête, je ne sais même pas quand c'est ! »

C'est Valérie qui vient de parler pour toutes. C'est la plus sage du groupe. Avec ses cheveux châtains qui tombent sur ses épaules, ses yeux marron, ses fines lunettes, elle donne toujours de bons conseils, comme une grande sœur.

« Moi non plus, je ne regarde jamais le calendrier ! Dites, les filles, vous croyez qu'il y a une sainte Aïcha ? »

1. **étonnées** : surprises.

Qui file Cécile ?

Aïcha est la plus amusante. Ses parents viennent d'Algérie, mais elle est née en France. Avec ses cheveux bruns frisés, ses grands yeux noirs qui brillent, son sens de l'humour, elle fait toujours rire ses camarades.

Maintenant, toutes les filles de la bande ont quelque chose à dire, elles sont excitées par l'aventure de leur copine.

« Eh bien moi, je crois que tu as un admirateur secret ! »

Sylviane la romantique sourit déjà à cette idée. Cette adolescente sensible, blonde aux yeux vert foncé, est toujours dans la lune [1], elle rêve au grand amour, au prince charmant.

Cécile sourit. Elle adore l'idée de Sylviane :

« Peut-être, mais qui ? Vous vous rendez compte, la foudre est tombée juste à ce moment-là dans mon quartier ! C'est incroyable ! Comment je vais faire pour savoir qui c'est ?

— C'est ça le coup de foudre ! [2]... » s'exclame Aïcha.

Les filles éclatent de rire. Mais Valérie rassure Cécile :

---

1. **être dans la lune** : être distrait.
2. **avoir le coup de foudre** : tomber amoureux au premier coup d'œil.

Quatre filles bien sympas...

« Tu vas voir, tu vas recevoir des fleurs... C'est une émission de France 3. Je l'ai déjà vue : on envoie un bouquet à la personne choisie. C'est Interflora qui la sponsorise. Il y aura peut-être un billet avec !

— Bonne fête quand même ! Tu as de la chance ! Qui sait comment il est, ce garçon ? C'est peut-être un beau brun aux yeux bleus, ou... »

La cloche interrompt Sylviane. Il faut rentrer au lycée ; une longue journée les attend : 4 heures de cours, la cantine [1], et puis encore deux heures de maths l'après-midi...

1. **la cantine** : lieu où les élèves vont manger.

ACTIVITÉS

Compréhension orale

DELF 1 Écoutez l'enregistrement et dites si les affirmations suivantes sont vraies ou fausses.

	V	F
1. Le réveil sonne à dix-sept heures.	☐	☐
2. Cécile ne prend pas de petit-déjeuner.	☐	☐
3. La fête de Cécile est le 23 novembre.	☐	☐
4. Trois de ses camarades l'attendent à la porte de la mairie.	☐	☐
5. Cécile leur raconte sa soirée de la veille.	☐	☐
6. Les parents d'Aïcha sont marocains.	☐	☐
7. Interflora sponsorise une émission de télé.	☐	☐

DELF 2 Écoutez une deuxième fois l'enregistrement. Qu'apprend-on sur les amies de Cécile ? Complétez leurs fiches signalétiques.

Valérie
Taille : ....
Cheveux : ....
Yeux : ....
Signes particuliers : ....
Caractère : ....

Aïcha
Taille : ....
Cheveux : ....
Yeux : ....
Signes particuliers : ....
Caractère : ....

ACTIVITÉS

Sylviane
Taille : ....
Cheveux : ....
Yeux : ....
Signes particuliers : ....
Caractère : ....

Grammaire

C'est / Ce sont
Il est / Ils sont
Elle est / Elles sont

On utilise c'est / ce sont :

- s'ils sont suivis d'un substantif précédé d'un déterminant.

Un déterminant peut être :
— un article indéfini (**un, une, des**), défini (**le, la, les**), partitif (**du, de l', de la, des**)
—un adjectif possessif (**mon, ton, son, ma, ta, sa, notre, votre, leur, mes, tes, ses, nos, vos, leurs**)
—un adjectif démonstratif (**ce, cet, cette, ces**)
—un adjectif interrogatif (**quel, quelle, quels, quelles**)

    *Le 22 novembre, **c'est** sa fête.*
    ***C'est** un beau brun.*
    ***Ce sont** les amies de Cécile.*
    ***C'est** l'heure de rentrer au lycée.*

- s'ils sont suivis d'un nom propre ou d'un jour de la semaine (dans le langage familier) :
    ***C'est** Sylviane qui est romantique.*
    ***C'est** Interflora qui envoie le bouquet.*
    *Aujourd'hui, **c'est** jeudi.*

ACTIVITÉS

- s'ils sont suivis d'un pronom personnel :
  Ce sont elles qui ont envoyé un bouquet à Cécile.

- (uniquement pour **c'est**) s'il est suivi d'un adjectif à valeur de neutre pour indiquer **cela** :
  Regarder un film avec Tom Cruise à la télé, c'est extra.

- dans la forme figée de l'interrogation :
  Est-ce que ?

On utilise il est / ils sont – elle est / elles sont :

- quand ils sont suivis d'un substantif sans déterminant :
  Il est architecte ; elle est lycéenne.
  Ils sont chanteurs ; elles sont étudiantes.

- quand ils sont suivis d'un adjectif attribut qui se réfère au sujet :
  Tom Cruise ! il est super sexy ; Sylviane ! elle est mignonne.

- dans les expressions de temps (uniquement pour **il est**) :
  Quelle heure est-il ? Il est cinq heures ; il est tôt, il est tard.

- dans les phrases impersonnelles (uniquement pour **il est**) :
  Il est dangereux de se pencher par la fenêtre.

1. Relisez le chapitre et remplissez le tableau ci-dessous.

c'est	*c'est quand ?*
ce sont	
il est	
elle est	*elle est seule*
ils sont	
elles sont	

ACTIVITÉS

2 Complétez ces mini-dialogues avec *il est, elle est, ils sont, elles sont, c'est, ce sont*.

1. **Cécile** : Qui .. .. ?
   Le facteur : .... le facteur, j'ai un paquet pour vous !
   Cécile : ....quoi ?
   Le facteur : ....sûrement un livre !

2. **Le Directeur** : Voilà je vous présente Carolyn, ...la nouvelle stagiaire , ... américaine. .... étudiante et fréquente l'université de Harvard. Allez Carolyn, ... vos collègues, ... sympathiques : j'espère que vous formerez une bonne équipe !

3. **Cécile** : Valérie, ... quelle heure ?
   Valérie : .... cinq heures.
   Cécile : ....tard ! Le film a déjà commencé.

4. **Sylviane** : Dis, Cécile .... qui le garçon avec Valérie ?
   Cécile : .... mon cousin, tu veux que je te présente !
   Sylviane : Oh non ! ....l'heure de rentrer à la maison !

Être ou ne pas être ? C'est-à-dire avoir

Être – (auxiliaire : avoir – participe passé : **été**)

Présent de l'indicatif	Passé composé
je suis	j'ai été
tu es	tu as été
il/elle/on est	il/elle/on a été
nous sommes	nous avons été
vous êtes	vous avez été
ils/elles sont	ils/elles ont été

Avoir – (auxiliaire : avoir – participe passé : **eu**)

Présent de l'indicatif	Passé composé
j'ai	j'ai eu
tu as	tu as eu
il/elle/on a	il/elle/on a eu
nous avons	nous avons eu
vous avez	vous avez eu
ils/elles ont	ils/elles ont eu

ACTIVITÉS

3 Retrouvez dans la grille suivante toutes les formes possibles des verbes *être* ou *avoir*.

A	S	E	S	U	I	S	E
V	I	S	A	E	S	O	S
O	N	T	E	S	O	N	T
N	O	N	T	E	E	T	E
S	O	M	M	E	S	S	S
E	N	A	I	S	A	T	U
E	T	E	S	A	U	A	I
U	E	S	A	V	E	Z	S

Attention, il faut lire la grille horizontalement, verticalement et diagonalement, de haut en bas ou de bas en haut…

Enrichissez votre vocabulaire

DELF **1** Décrivez les personnages.

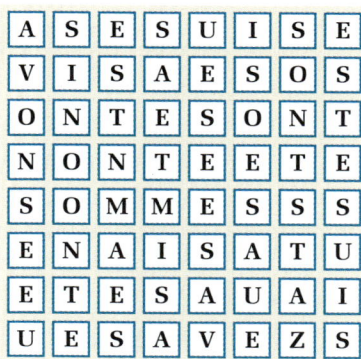

Jacques Chirac
Cheveux : ....
Yeux : ....
Signes particuliers : ....
....
Caractère : ....

ACTIVITÉS

Gérard Depardieu
Cheveux : ....
Yeux : ....
Signes particuliers : ....
....
Caractère : ....

Abbé Pierre
Cheveux : ....
Yeux : ....
Signes particuliers : ....
....
Caractère : ....

DELF **2** Faites un portrait de vous-même. (N'oubliez pas d'accorder les adjectifs !)

- Je suis *grand – petit – mince – potelé – légèrement enrobé – maigre – athlétique – sportif – musclé – agile – filiforme*
- Mes cheveux sont *brun – blond – noir – cendré – roux – lisse – raide – bouclé – frisé – court – long*
- Ma bouche est *grand – petit*
- Mon nez est *gros – petit – en trompette – rond – aquilin – épaté – fin*
- Mes oreilles sont *grand – petit – décollé – gracieux*
- Je suis *intelligent – travailleur – paresseux – peureux – courageux – gai – triste – colérique – calme – vif – agité – indiscipliné – sage – indolent*

ACTIVITÉS

3 Les poètes ont égaré leurs mots, retrouvez-les.

> cœur   yeux   vu

La courbe de tes .... fait le tour de mon ....
Un rond de danse et de douceur,
Auréole du temps, berceau nocturne et sûr,
Et si je ne sais plus tout ce que j'ai vécu
C'est que tes .... ne m'ont pas toujours ....

Paul Eluard

> Langue   dents   taille   chevelure   pensées   yeux

Ma femme à la .... de feu de bois
Aux .... d'éclairs de chaleur
À la .... de loutre entre les .... du tigre
Ma femme à la .... de cocarde et de bouquet d'étoiles de dernière grandeur
Aux .... d'empreintes de souris blanche sur la terre blanche
À la langue d'ambre et de verre frottés
Ma femme à la .... d'hostie poignardée
À la langue de poupée qui ouvre et ferme les ....

André Breton

4 Vous connaissez tous l'histoire du « Petit Chaperon rouge », ici la petite fille arrive chez sa grand-mère malade... mais, surprise ! le loup a pris sa place. Complétez et modifiez l'adjectif *grand* selon le genre et le nombre.

Le Petit Chaperon rouge regarde bien le loup et dit :
« Grand-mère, comme vous avez de grandes jambes !
– Mais c'est pour mieux courir, mon enfant.

— Grand-mère, comme vous avez de ....
— Mais c'est pour mieux te serrer mon enfant.

— Grand-mère, comme vous avez de ....
— Mais c'est pour mieux te voir mon enfant.

— Grand-mère, comme vous avez de ....
— Mais c'est pour mieux te caresser mon enfant.

— Grand-mère, comme vous avez une ....
— Mais c'est pour mieux t'embrasser mon enfant.

— Grand-mère, comme vous avez de ....
— Mais c'est pour mieux te manger mon enfant ! »

5 **Reliez les verbes de la première colonne à leur contraire.**

ouvrir	pleurer
se réveiller	sortir
rire	faire peur
se rappeler	fermer
savoir	envoyer
bavarder	oublier
adorer	s'endormir
rassurer	se taire
rentrer	détester
recevoir	ignorer

Et maintenant utilisez-les dans des phrases s'inspirant du récit.

♦ *Valérie, qui est très sage, est comme une grande sœur pour Cécile.*
♦ *La maison de Cécile n'est pas petite, et comme ses parents ne sont pas là, elle a peur de rester seule.*

Production écrite

DELF 1 **À partir des situations suivantes, rédigez des lettres informelles en utilisant le vocabulaire que vous avez appris.**

Mme Ludovic laisse un petit mot à la baby-sitter de son fils Julien : elle lui dit ce que le petit garçon, âgé de trois ans, aime ou n'aime pas et ce qu'elle doit faire s'il pleure.

La baby-sitter laisse aussi un petit mot à Mme Ludovic : elle a gardé Julien qui s'est beaucoup amusé.

2 Répondez à la petite annonce suivante.

> Cherche baby-sitter, sérieux(se), pour bébé de sept mois, durant vacances de février, disposé(e) à voyager et à séjourner aux Deux Alpes. Références souhaitées. Écrire à Mme Delage, 20 rue Jean Jaurès Dijon.

Donnez vos références : les enfants que vous avez gardés, l'adresse et le numéro de téléphone de leurs parents. N'oubliez pas d'indiquer vos qualités (sérieux, patient, etc..) puis demandez d'autres informations sur les horaires et l'argent de poche qui vous sera versé.

Chapitre 3

Un étrange individu

Pendant toute la matinée, Cécile a bien du mal à se concentrer. Elle est distraite, elle lève les yeux au ciel, elle imagine le visage de l'inconnu qui l'aime... Le prof d'anglais la tire de sa rêverie.

« Mademoiselle Rolland, pouvez-vous redescendre sur terre et répéter ce que je viens de dire ? »

Cécile le regarde, l'air stupide.

« Si vous venez pour dormir, restez chez vous ! Venez donc au tableau ! »

Derrière elle, Aïcha se penche [1] et lui dit en riant :

« Attention, cette fois, ça va être ta fête pour de bon !... »

Finalement, à 4 heures et demie, la cloche libère Valérie, Aïcha, Sylviane et Cécile. Cette dernière a eu un 6/20 en

---

1. **se pencher** : se courber en avant.

Qui file Cécile ?

anglais, un devoir supplémentaire en maths, et des menaces du prof d'allemand !

Elle rentre chez elle, tête basse, en traînant un peu les pieds. « Bonjour, Cécile... »

Elle s'arrête : un homme est devant elle ; c'est un individu d'une cinquantaine d'années. Il porte un long manteau beige. Avec son chapeau, il la salue ; il la fixe, derrière d'épaisses [1] lunettes. Il lui sourit. Cécile reste quelques secondes immobile, elle prononce un « bonjour » incompréhensible, et elle part en courant.

Elle arrive vite chez elle. Qui est cet homme ? Comment sait-il son prénom ? Elle referme brusquement la porte derrière elle. Le téléphone sonne.

Ce sont ses parents. Sa grand-mère doit être opérée, et ils sont obligés de rester à Nice encore un jour ou deux. Mme Rolland est inquiète pour sa mère, pour sa fille seule à la maison. Cécile la rassure. Mais quand elle raccroche, elle est angoissée. Elle est seule, et tous ces mystères viennent subitement lui compliquer [2] la vie ! Cet homme, que lui veut-il ? Qui est-ce ? Comment connaît-il son prénom ? Et sa photo à la télé, est-ce que c'est un amoureux, comme le dit

---

1. **épaisses** : grosses.
2. **compliquer** : rendre difficile.

Qui file Cécile?

Sylviane ? Et si c'était cet individu étrange ?

Elle va vers la fenêtre, soulève le rideau, pour regarder dans la rue. « Oh ! » elle laisse le rideau retomber brutalement et se cache contre le mur : l'individu est là, devant la grille. Il observe la maison. Cécile n'ose plus respirer, elle a peur d'être vue. Enfin, l'homme s'en va, les mains dans les poches, la tête basse.

Cette fois-ci, Cécile n'est plus angoissée. Elle panique ! Elle tourne la clef à double tour [1] dans la serrure, elle vérifie si les fenêtres sont bien fermées. Soudain, la maison lui semble immense, mystérieuse et pleine de dangers. Elle se sent horriblement seule. Alors elle allume la radio, elle passe de la cuisine au salon, du bureau à la salle à manger, elle monte dans les chambres, dans la salle de bains, au premier étage, pour s'assurer qu'il n'y a personne, que tout est normal.

DRING ! DRING ! On sonne à la porte...

1. **à double tour** : elle tourne la clef deux fois.

A C T I V I T É S

Compréhension orale

DELF 1 Écoutez deux fois l'enregistrement, puis répondez aux questions ; choisissez la bonne réponse ou complétez.

1. Quel professeur interroge Cécile ?
   ....

2. Cécile a-t-elle de bons résultats en langues étrangères ?
   ....

3. Qui lui dit bonjour à la sortie de l'école ?
   ....

4. Cette personne
   - [ ] porte une veste beige.
   - [ ] un long manteau noir.
   - [ ] un long manteau beige.

5. Elle porte aussi
   - [ ] un chapeau et des lunettes de soleil.
   - [ ] un chapeau et des lunettes épaisses.
   - [ ] un chapeau et de drôles de lunettes.

6. Elle a
   - [ ] environ quarante ans.
   - [ ] environ cinquante ans.
   - [ ] environ soixante ans.

7. Les parents de Cécile ne peuvent pas rentrer
   - [ ] parce qu'ils ont raté leur train.
   - [ ] parce que la mère de Mme Rolland va se marier.
   - [ ] parce que la mère de Mme Rolland doit être opérée.

8. Après le coup de fil de ses parents, Cécile commence à avoir peur parce qu'elle ....

A C T I V I T É S

DELF 2 Écoutez de nouveau l'enregistrement, puis retrouvez les sentiments ou états d'âme de Cécile et ceux de sa mère.

1. À l'école, Cécile est
   - [ ] distraite.
   - [ ] énervée.
   - [ ] déconcentrée.

2. Au téléphone avec sa mère, elle est
   - [ ] inquiète.
   - [ ] nerveuse.
   - [ ] rassurante.

3. Après le coup de fil, Cécile est
   - [ ] inquiète.
   - [ ] nerveuse.
   - [ ] angoissée.
   - [ ] courageuse.
   - [ ] inconsciente.

4. La mère de Cécile est
   - [ ] inquiète.
   - [ ] joyeuse.
   - [ ] optimiste.
   - [ ] nerveuse.

DELF 3 Écoutez une dernière fois jusqu'à « au tableau » puis dites de quel type de phrase il s'agit : exclamative (!), interrogative (?) ou énonciative (.).

	!	?	.
Cécile a bien du mal à se concentrer			
La prof d'anglais la tire de sa rêverie			
Pouvez-vous redescendre sur terre			
Restez chez vous			
Venez donc au tableau			

ACTIVITÉS

Grammaire

Les prépositions

> *Elle a du mal **à** se concentrer.*
> *Elle va **vers** la fenêtre.*

à et **vers** sont des prépositions, soit de petits mots invariables qui établissent une relation entre deux termes de la phrase : relation de lieu, de temps, de possession, de cause, etc.

Voici les prépositions les plus courantes : **à, après, avant, derrière, devant, avec, chez, de, dans, par, pour, sous, sur, vers, en**.

Certaines prépositions ont en français des valeurs différentes :

- **de** indique la provenance : *il vient **de** Paris.*
  ou la possession : *c'est le livre **de** Pierre.*
- **chez** ne s'emploie jamais devant un nom de lieu, mais toujours devant un nom de personne :
  ***chez** le libraire ; **chez** toi ; **chez** mon ami ; **chez** Marcel.*
- **en** s'emploie :
  – devant les noms de moyen de transport :
  ***en** voiture ; **en** bateau ; mais **à** bicyclette ; **à** mobylette.*
  – pour indiquer la matière : *un bijou **en** or.*
  – devant les noms de pays ou de régions féminins :
  ***en** Corse ; **en** Italie ; mais **au** Maroc.*
- **par** indique le moyen ou la cause : *elle a agi **par** jalousie.*
- **pour** indique la destination ou le but :
  *Je pars **pour** l'Italie ; il faut manger **pour** vivre.*

1 Relisez le chapitre et relevez les différentes prépositions en essayant de les classer selon leur valeur.

2 Complétez avec des prépositions.

Le prof .... anglais interroge Cécile .... la City .... Londres. Elle lui demande si elle est venue .... l'école .... dormir ou .... travailler : Cécile aujourd'hui semble complètement .... la lune. Le professeur finit par s'énerver et ordonne .... Cécile .... aller .... le proviseur. Cécile quitte la classe et se dirige .... le bureau du proviseur. Mais ce dernier n'est pas .... son bureau. Elle attend patiemment assise .... un banc. Quelques minutes plus tard, le proviseur arrive .... sa secrétaire et demande pourquoi Cécile est là. Elle lui répond que son professeur .... anglais le lui a demandé. Le proviseur fait entrer Cécile .... son bureau et l'invite .... s'asseoir puis lui pose quelques questions. Finalement, il écrit un mot .... Madame Nordier le professeur .... anglais .... Cécile .... l'admettre de nouveau .... son cours.

Les articles contractés

Attention aux prépositions **à** et **de** : quand elles rencontrent l'article défini masculin singulier (le) et masculin ou féminin pluriel (les), elles se transforment !

Je vais ~~à le~~ cinéma.	→ Je vais **au** cinéma.
Je parle ~~à les~~ profs.	→ Je parle **aux** profs.
Je parle ~~à les~~ filles.	→ Je parle **aux** filles.
C'est le libre ~~de le~~ prof.	→ C'est le livre **du** prof.
Voilà les jouets ~~de les~~ enfants.	→ Voilà les jouets **des** enfants.

au, **aux**, **du** et **des** sont des articles contractés.

ACTIVITÉS

3 Complétez les phrases.

1. Ce sont les lunettes .... inconnu.
2. Voilà l'entrée principale .... collège.
3. Elle tourne la clef .... porte.
4. Cécile est seule .... maison.
5. Vous devez téléphoner .... police.
6. Cécile parle à ses amies .... panne d'électricité.
7. On ne sait quel jour est la fête .... amies de Cécile.
8. Elle rêve .... prince charmant.

Pouvoir, venir, vouloir

sont des verbes irréguliers du troisième groupe. Voici le présent de l'indicatif de ces verbes :

pouvoir (aux. avoir) **venir** (aux. être) **vouloir** (aux. avoir)

je peux   je viens   je veux
tu peux   tu viens   tu veux
il peut   il vient   il veut
nous pouvons   nous venons   nous voulons
vous pouvez   vous venez   vous voulez
ils peuvent   ils viennent   ils veulent

participe passé : **pu**   participe passé : **venu**   participe passé : **voulu**

---

4 Complétez avec les verbes *pouvoir*, *venir*, *vouloir* et conjuguez-les au temps désiré.

1. Elle n'.................. pas .... au lycée, elle a dû accompagner sa mère à Nice.
2. Tu .... sortir ce soir avec tes amis, mais tes parents ne .... pas.
3. Elle .... dormir un peu, elle n'avait pas de cours cet après-midi.

ACTIVITÉS

4. Vous .... manger si vous le .... ! Il y a un rôti et de la salade dans le frigo.
5. Elles .... faire cet exercice, il n'est pas très difficile.
6. Tu .... avec moi ? Je vais faire les magasins, il y a les soldes.
7. Dis Cécile, tu .... accompagner ta mère chez le coiffeur ? J'ai une réunion cet après-midi.
8. En classe, Cécile n' .... pas .... parler à ses amies du mystérieux individu : elle n'a pas eu le temps !

Enrichissez votre vocabulaire

1 Dans ce chapitre, nous suivons Cécile au lycée, puis à la maison. Retrouvez tous les mots se rapportant à ces lieux.

	LE LYCÉE	LA MAISON
substantifs		
verbes		

Voici le plan de la maison de Cécile : indiquez le nom de chaque pièce. Dans quelles pièces Cécile va-t-elle ? Tracez son itinéraire.

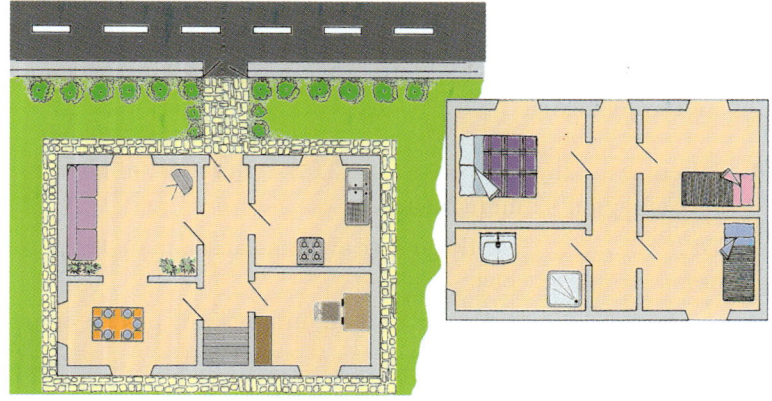

ACTIVITÉS

DELF 2 Dessinez le plan de votre maison et décrivez-la.

DELF 3 Vous venez de déménager, vous écrivez à un(e) ami(e) pour décrire votre nouvelle maison. Vous dites quelles sont ses qualités ou quels sont ses défauts, puis vous l'invitez à passer un week-end chez vous.

4 Que signifient les expressions suivantes ? Cochez la bonne réponse.

1. *Ça va être ta fête* :
   - ☐ tu vas avoir des problèmes
   - ☐ le prof va t'offrir des fleurs
   - ☐ demain, c'est ta fête

2. *Elle traîne les pieds* :
   - ☐ elle a des chaussures trop grandes
   - ☐ elle marche lentement
   - ☐ elle a mal aux pieds

3. *Pouvez-vous redescendre sur terre ?* :
   - ☐ arrêtez de rêver !
   - ☐ vous pouvez sauter de l'avion ?
   - ☐ descendez de l'échelle !

4. *Elle raccroche* :
   - ☐ elle enlève son manteau
   - ☐ elle repose le téléphone
   - ☐ elle arrête de travailler

ACTIVITÉS

Compréhension et production écrite

DELF 1 **Lisez cette lettre et répondez aux questions.**

> Tours, le 15 septembre
>
> Chère Laure,
>
> J'ai acheté avec mon frère un joli petit hameau[1], appelé «La Fossardière» dans la Touraine. Il y a exactement quatre petites bâtisses[2]. À l'intérieur de la première, la plus grande, j'y ferai la cuisine, le salon et la salle à manger, il y a aussi une petite pièce où je dormirai. Puis sur la gauche, il y a une autre petite construction où je mettrai la salle de bains, les douches (au moins deux) et deux WC. Dans le bâtiment du fond, le plus grand, il y aura quatre chambres d'amis et enfin la cabane au fond de la cour est pour mon frère et sa femme. Il y a aussi des champs de blé tout autour et un grand jardin où on peut manger quand il fait beau. Les réparations seront terminées fin juin, ça te dit de venir inaugurer les lieux durant la première quinzaine de juillet. J'attends impatiemment ta réponse. À très bientôt.
>
> Julie
>
> p.s. Tu peux emmener Marcel…

1. **un hameau :** un groupe de petits bâtiments ou maisons.
2. **une bâtisse :** une construction.

Cochez les réponses exactes.

- [ ] Il s'agit d'une invitation informelle.
- [ ] Il s'agit d'une invitation formelle.
- [ ] Nous connaissons la date approximative de cette invitation.
- [ ] Nous connaissons l'adresse exacte du lieu où cette personne est invitée.
- [ ] Nous savons où Julie invite Laure.
- [ ] Nous savons quand elle l'invite.

A C T I V I T É S

DELF 2 Répondez négativement à cette invitation pourtant tentante. Vous expliquez à Julie que malheureusement, Marcel a déjà réservé pour la première quinzaine de juillet un voyage organisé au Groenland. Vous êtes désolée et vous espérez pouvoir aller lui rendre visite en août.

3 Qui est l'homme qui suit Cécile et pourquoi la suit-il ? Imaginez une suite.

- *C'est un détective privé : il la suit parce que* ....
  ....
- *C'est un maniaque : il la suit parce que* ....
  ....
- *Ou alors ?* ....
  ....

Détente

1 Déchiffrez ce message codé que Cécile aurait pu lancer à sa mère !

1 2 2 3 ,	4 1 4 1 5 !	6 ' 1 7	0 8 9 * !
A L	M N !	J '	R !

Le système scolaire en France

Il était une fois l'école...

C'est avec l'avocat républicain, Jules Ferry (1832-1893), que l'enseignement primaire devient laïc, gratuit et obligatoire. À partir de 1880, le certificat d'études ou « certif » devient l'examen prestigieux qui couronne la fin des études à l'école communale et donne un titre sûr pour le marché du travail.

L'enseignement secondaire devient plus tard obligatoire, pour les filles aussi.

De façon générale, le XIXème siècle est le siècle de l'élémentaire pour tous, le XXème celui du collège (et du lycée).

Le système scolaire en France, aujourd'hui

C'est un long parcours qui commence à 2 ou 3 ans, et que l'on doit poursuivre jusqu'à 16 ans. Mais il peut durer bien plus longtemps. De l'école maternelle à l'école primaire, au collège, au lycée, à l'université ou aux grandes écoles, il faut des années pour devenir « une tête bien pleine » comme disait Montaigne...

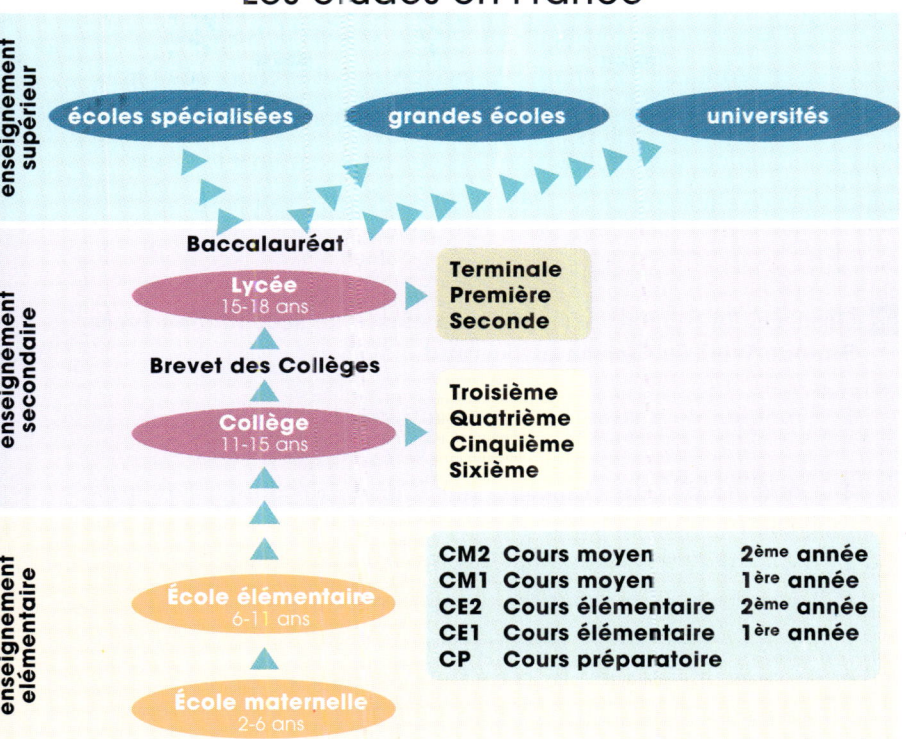

1 Regardez bien ce schéma et répondez aux questions.

1. Passe-t-on un examen à la fin de l'école primaire ?
   ....
2. Combien de temps durent les études secondaires ?
   ....
3. À quel âge obtient-on le bac ?
   ....
4. Le système scolaire français présente-t-il des différences avec celui de votre pays ? Lesquelles ?
   ....

Le lycée

Le lycée d'enseignement général dure 3 ans : classes de seconde, première et Terminale. En première, les lycéens ont le choix entre trois filières : S (scientifique) ; L (littéraire) ; ES (Économique et Sociale). Pour l'orientation, l'opinion des professeurs est déterminante : il est impossible de s'inscrire en S si le conseil de classe s'y oppose.

2 **Observez la fiche d'inscription en classe de seconde, au lycée Simone Weil de Clermont-Ferrand.**

1. Combien de matières sont obligatoires ?
   ....
2. Combien d'heures de cours hebdomadaires doit suivre un lycéen ?
   ....
3. Le latin est-il une matière obligatoire pour tous ?
   ....
4. Si vous deviez remplir cette fiche, quelles matières optionnelles choisiriez-vous ? Pourquoi ? Prendriez-vous une matière facultative ?
   ....

Les grandes écoles

Après leurs études secondaires, les meilleurs élèves préfèrent à l'Université les Grandes Écoles. Mises en place au milieu du XVIIIème siècle, les Grandes Écoles se sont développées au cours du XIXème siècle : Polytechnique, Saint-Cyr, l'École des Mines, Centrale, l'École Normale Supérieure, l'École des Chartes, l'École Nationale Supérieure Louis Lumière, l'École de Hautes Études Commerciales... forment encore aujourd'hui « l'élite »

LYCÉE SIMONE WEIL   Année scolaire 2003-2004

FICHE D'ADMISSION EN CLASSE DE SECONDE

**Cette fiche doit être remise au Lycée Simone Weil avec le dossier d'inscription.
Tout retard compromet les formalités d'inscription.**

NOM : .... PRÉNOM : .... Sexe : F M
Établissement d'origine : .... Classe : ....

ENSEIGNEMENT OBLIGATOIRE :	Français	4 H
	Mathématiques	3 H 30
	Physique-Chimie	3 H 30
	Biologie-Géologie	2 H
	LV 1 : Allemand - Anglais	2 H 30
	Histoire-Géographie	3 H
	E. P. S.	2 H
	Modules portant sur Français, Maths, LV 1, et Histoire-Géographie	3 H
ENSEIGNEMENT OPTIONNEL :	Théâtre, Expression Dramatique	3 H*
	Sciences et Technologies Tertiaires	3 H *
	Sciences Économiques et Sociales	3 H
	Latin	3 H
	LV 2 : Allemand, Anglais, Arabe, Espagnol, Italien	3 H
	LV 3 : Arabe, Espagnol, Italien	3 H
	Technologie des Systèmes Automatisés	3 H*
	Informatique et Électronique en Sciences Physiques	3 H*
LES OPTIONS FACULTATIVES :	Arts plastiques	2 H
	Cinéma et Audiovisuel	2 H
	Informatique	2 H
	Latin	3 H

CHOIX DE LA FAMILLE :	1 langue LV 1 obligatoire	2 options	1 option facultative
	_____	_____	_____

* Attention, si vous avez choisi l'option Théâtre ou S.T.T. ou S.T.A. su I.E.S.P., vous devez choisir <u>obligatoirement</u> une **option de remplacement** dans l'éventualité d'un manque de place : _____

Ces choix déterminent la composition des classes. Ils sont <u>définitifs</u>.

Signature des Parents

_____

des jeunes gens (et jeunes filles !) destinés à occuper des places de premier plan, dans le domaine scientifique, économique ou culturel.

Entrer dans une grande école...

Pour entrer dans une grande école, il faut être le meilleur et le prouver. D'abord, la mention *Très Bien* au baccalauréat (16/20 de moyenne) est indispensable. Ensuite, il faut faire ses « classes prépas » (préparatoires) dans un lycée qui offre cette possibilité. Il s'agit de deux années de préparation intense (Khâgne pour les littéraires, Maths sup et Maths spé pour les matheux) indispensables pour se présenter aux concours d'entrée dans les grandes écoles. Au bout de ces deux années, les étudiants « présentent les concours » ; le nombre de candidats est naturellement bien supérieur au nombre de places : les meilleurs, ceux aussi qui ont les nerfs plus solides, passent. Les autres ont le droit de retenter leur chance, l'année suivante... ou de s'inscrire à l'université, directement en troisième année.

Un monde à part...

Entrer dans une grande école, c'est entrer dans un univers privilégié, fermé sur lui-même, avec ses règles et ses rites : chaque école a son internat, ses associations, organise ses fêtes. Les associations d'anciens élèves aident les nouveaux à trouver leur premier emploi. Dans certaines grandes écoles, les étudiants sont payés pendant leurs études.

Un des rites est le bizutage : au début de l'année scolaire, les nouveaux élèves (les bizuths) sont le temps d'une journée ou d'une semaine, les souffre-douleur de leurs aînés.

Quelques grandes écoles...

École polytechnique

Appelée « X », c'est la plus prestigieuse. Cette école naît sous la Convention, en 1794 ; elle s'appelle alors « École Centrale des Travaux Publics », et forme les meilleurs ingénieurs. Elle prend son nom actuel un an plus tard, et en 1802, Napoléon Ier en fait une école militaire. Aujourd'hui « X » accueille aussi les jeunes filles.

Le 14 juillet, les polytechniciens défilent en uniforme (le tricorne en est l'élément le plus caractéristique) sur les Champs-Élysées. C'est le major de la promotion (le meilleur élève) qui a l'honneur d'ouvrir la marche.

Polytechniciens en uniforme.

École Normale Supérieure

Située dans un prestigieux bâtiment du XVIIIème, rue D'Ulm à Paris, l'École Normale Supérieure donne en quatre ans une formation littéraire et humaniste très poussée : ses étudiants deviendront professeurs d'université, ou travailleront dans le domaine de l'édition, de la recherche...

École des Hautes Études Commerciales (HEC)

L'École des Hautes Études commerciales a été créée à la fin du siècle dernier. Les études y durent quatre ans : deux ans de cours théoriques sur les sciences de la gestion, un an de travail en entreprise, (pendant laquelle l'étudiant perçoit un salaire) et enfin une dernière année de formation.

À HEC, comme dans toutes les grandes écoles, la vie associative a une grande importance. Les associations organisent des manifestations en collaboration avec les entreprises, des rencontres avec des cadres et des dirigeants d'entreprise : tout est fait pour développer l'esprit d'initiative et le goût du travail en équipe.

3 **Présentez le contenu à vos camarades en insistant sur les points suivants.**

1. le sujet de ce dossier.
2. sa fonction.
3. la comparaison entre le système scolaire français et celui de votre pays.
4. les écoles les plus prestigieuses en France.

Chapitre 4

Traquée !

Son cœur bat très fort. Par la fenêtre de sa chambre, elle aperçoit une camionnette d'Interflora, garée juste en face de chez elle. Les fleurs ! Elle va enfin savoir ! Elle descend l'escalier quatre à quatre, et ouvre la porte. Le livreur a un magnifique bouquet.

« Cécile Rolland ?

– Oui, c'est moi.

– Voilà, c'est pour vous, Mademoiselle, avec les compliments d'Interflora. Signez là, s'il vous plaît. »

Il lui donne le bouquet. Cécile voit un billet, sur le papier crépon rose qui enveloppe les fleurs. Elle l'ouvre et le lit :

Qui file Cécile ?

> Je pense à toi. Je suis toujours près de toi, mais toi tu ne me vois pas....
> Bonne fête !

Cécile reste sans réaction, le bouquet à la main. Elle le pose sur la table, et se précipite de nouveau à la fenêtre, sûre d'y voir l'inconnu. Mais il n'y a personne : la rue est déserte, et la nuit tombe.

Cécile se sent terriblement seule, les larmes lui montent aux yeux. Elle ne comprend pas, elle a peur : quelqu'un la suit, la traque [1], lui envoie des fleurs et des messages incompréhensibles... C'est peut-être un fou... un maniaque... Elle en a lu, de ces histoires dans les journaux ! Les larmes coulent sur ses joues, elle appelle sa mère et son père, mais personne ne répond.

Elle décide de téléphoner à Valérie.

Valérie l'écoute. Elle est impressionnée. Elle essaie de calmer son amie.

---

1. **traquer** : suivre à la trace un animal sans lui laisser le temps de respirer.

Traquée !

« Écoute, ce soir, je ne peux rien faire. Mais si tu veux, demain, je m'installe chez toi jusqu'au retour de tes parents. Ne t'en fais pas, tu es chez toi, tout est fermé, il ne peut rien t'arriver... Regarde un peu la télé, il y a une émission amusante sur France 2 ! Ça va te calmer. Puis va te coucher ! N'aie pas peur ! »

Quand Cécile repose le combiné [1], elle se sent un peu mieux ; les paroles rassurantes de son amie lui ont fait du bien. Elle décide de suivre ses conseils : elle allume la télé. Mais de temps en temps elle regarde le bouquet de fleurs, elle lit et relit le message mystérieux. Même les sketches et les gags [2] ne la font pas rire.

Il n'est que 9 heures, et elle se sent fatiguée, sans forces. Une bonne nuit lui fera oublier sa peur. Elle éteint la télé, et monte lentement au premier étage. Elle s'arrête dans la

1. **le combiné** : la partie du téléphone qui permet à la fois d'écouter et de parler.
2. **les gags** : les plaisanteries.

Qui file Cécile?

chambre de ses parents, pour prendre le téléphone sans fil : si elle a besoin d'appeler à l'aide, elle ne perdra pas de temps ! Elle laisse la lumière allumée dans le couloir. Elle se déshabille, prend un livre, et se couche. Mais elle n'arrive pas à se concentrer, elle lit et relit dix fois les mêmes lignes. Les bruits du parquet lui font peur. Dans sa tête, comme dans un film, elle imagine que l'inconnu est à sa porte... (elle entend déjà ses pas), qu'il tourne la poignée... (elle entend le bruit métallique), qu'il entre... (elle voit sa silhouette menaçante), qu'il vient vers elle et qu'il...

Tout à coup, elle sursaute : DRING ! DRING ! DRING ! Elle attrape le téléphone sur sa table de nuit, pensant que c'est sa mère ou Valérie. C'est la panique, elle fait tout tomber : son réveil, la photo de ses parents, son livre... tout !

« Allô ? Allô ? Qui est à l'appareil ? Allô, c'est toi maman ? Allô ! »

À l'autre bout de la ligne, le silence. Elle interrompt brutalement la ligne, comme si le téléphone brûlait...

ACTIVITÉS

Compréhension écrite et orale

DELF 1 **Écoutez ce chapitre puis dites comment se sent Cécile.**

1. ☐ Quand elle reçoit le bouquet de fleurs.
2. ☐ Quand elle lit le billet du bouquet.
3. ☐ Quand elle téléphone à ses parents.
4. ☐ Quand elle repose le combiné après avoir téléphoné à Valérie.
5. ☐ Quand elle va se coucher.
6. ☐ Quand elle reçoit un coup de fil et que l'interlocuteur reste muet.

Elle est

a. paniquée.
b. rassurée.
c. angoissée.
d. fatiguée.
e. stupéfaite.
f. impressionnée.
g. flattée.

Attention, il y a des intrus et certains adjectifs peuvent être utilisés deux fois.

A C T I V I T É S

DELF 2 Lisez ensuite le chapitre et répondez aux questions suivantes ou cochez les bonnes réponses (attention, il peut y avoir plusieurs bonnes réponses).

1. Cécile sait-elle qui lui a envoyé des fleurs ?
   ....

2. Pourquoi regarde-t-elle alors par la fenêtre ?
   ....

3. Quelle proposition lui fait Valérie ?
   ....

4. À la télé, elle regarde
   - ☐ un documentaire.
   - ☐ le journal télévisé.
   - ☐ une émission de variété.
   - ☐ une série télévisée.
   - ☐ un film dramatique.

5. Elle ne parvient pas à lire
   - ☐ parce qu'elle est trop agitée.
   - ☐ parce qu'elle est déconcentrée.
   - ☐ parce qu'elle entend des bruits.
   - ☐ parce qu'elle a peur.
   - ☐ parce qu'elle a mal à la tête.

6. Quand le téléphone sonne, elle fait tomber
   - ☐ son réveil.
   - ☐ son livre.
   - ☐ ses parents.

Grammaire

Le partitif

Elle ne perdra pas de temps.

Je mange un gâteau = je mange un gâteau entier !
Je mange du gâteau = je mange une certaine quantité de gâteau.

On emploie le partitif pour représenter une partie imprécise.

Les formes du partitif sont :

- au masculin : **du, de l'**
  Je prends du pain.
- au féminin : **de la, de l'**
  Il faut de la farine et de l'eau.
- au pluriel : **des**
  J'ai des amis.
- à la forme négative : **de, d'**
  Je n'ai pas d'amis ; je ne bois pas de café.

Attention !

> *En Italie, j'ai mangé des pâtes fraîches.*
> *J'ai mangé de bonnes pâtes.*

On emploie le partitif pluriel **des** quand l'adjectif suit le substantif ;
le partitif **de** quand l'adjectif précède le substantif.

Rappelez-vous qu'en français, l'emploi de l'article est toujours **obligatoire** : article défini, indéfini, ou partitif.

ACTIVITÉS

1 **Complétez ces mini-dialogues avec des partitifs.**

A. Le journaliste : Monsieur le professeur, je sais que vous faites des expériences avec vos élèves. Pouvez-vous nous en illustrer une.
Le professeur de chimie : Oui voilà. Vous prenez .... gaz carbonique, vous ajoutez .... poudre blanche et un peu .... eau. Vous mélangez le tout ! mais attention, il ne faut pas mettre .... chlore sinon tout explose, comme ça, vous voyez... BOUMMMMM !

B. Le journaliste : Mme Messier, je sais que vous avez été l'astrologue attitrée du Président Mitterrand. Comment avez-vous réussi à le devenir ?
Mme Messier : Eh bien voilà, j'ai eu .... chance. Il m'a fallu aussi .... courage pour téléphoner au Président et lui demander un entretien. J'ai dû aussi apporter .... preuves de ma crédibilité. Puis je n'ai plus eu besoin .... personne ni .... rien. Le Président Mitterrand m'a fait confiance.

C. Le journaliste : Zinédine Zidane vous êtes un footballeur de haut niveau. Quel est votre secret ?
Zizou : Il y a beaucoup .... travail, ... longues journées d'entraînement, ... régimes alimentaires et .... exercices, toujours .... exercices : .... course à pied, ... abdominaux, ... exercices pour améliorer l'habileté et surtout pas .... excès, pas .... tabac, pas .... alcool, pas .... soirées en boîte. Bref, une vie très sage en famille.

2 **Inventez vous aussi une mini interview d'Albert Einstein et utilisez les partitifs.**

ACTIVITÉS

Il y a

Il s'agit d'une construction impersonnelle, que l'on emploie toujours à la troisième personne du singulier.

   *Sur la table, **il y a** un livre ; **il y a** des livres.*

Cette construction peut être employée à tous les temps, et suit la conjugaison de l'auxiliaire avoir.

3 Complétez avec *il y a*, *c'est* ou *ce sont* au temps qui convient.

1. Isabelle ! .... une émission intéressante à la télé, tu l'allumes s'il te plaît ? .... une émission intéressante, elle passe tous les jeudis soirs sur France 2.
2. Demain, ... de la pluie sur le Massif Central et il neigera sur les Pyrénées. En outre, ... un vent force 7 qui soufflera en direction des Landes.
3. .... de la pluie qu'on appelle crachin, elle est désagréable ! Mais le grésil est encore plus redoutable, ... de la pluie glacée.
4. .... des élèves de 1ère L. Ils sont indisciplinés et contestataires. Ah ! .... des punitions qui se perdent ! Regardez-les ! Toujours à fumer dans les couloirs alors que .... interdit !
5. .... des élèves de 1ère L qui veulent vous voir M. le Proviseur, je peux les faire entrer ? .... aussi le professeur principal de la classe avec eux.
6. .... un élève très doué, il fera sûrement de bonnes études . ... de bonnes chances qu'il devienne quelqu'un d'important. .... ses parents qui vont être fiers de lui !

ACTIVITÉS

4 **Revoyez la conjugaison des verbes irréguliers suivants.**

battre (aux. avoir, p.p. **battu**)
descendre (aux. être, p.p. **descendu**)
voir (aux. avoir, p.p. **vu**)
comprendre - **prendre** (aux. avoir, p.p. **compris** - **pris**)
suivre (aux. avoir, p.p. **suivi**)
lire (aux. avoir, p.p. **lu**)
se sentir (aux. être, p.p. **senti**)
répondre (aux. avoir, p.p. **répondu**)
faire (aux. avoir, p.p. **fait**)
perdre (aux. avoir, p.p. **perdu**)

5 **Mettez au pluriel si la phrase est au singulier ou au singulier si la phrase est au pluriel.**

1. Vous battez les œufs en neige.
   Tu ....
2. Je te bats aux échecs.
   Nous ....
3. Ils ont descendu les escaliers.
   ....
4. Vous descendez tous les jours à cinq heures boire l'apéritif.
   ....
5. Je ne vois pas ce que tu ne comprends pas.
   ....
6. Elle répond toujours de travers.
   ....
7. Tu te sens mal quand la fin du trimestre arrive.
   ....
8. Ce que tu fais n'est pas correct.
   ....

ACTIVITÉS

9. Il perd tout son argent au jeu.
   ....
10. Vous répondez aux questionnaires que votre professeur a faits.
    ....
11. Il voit que vous ne comprenez pas les cours que vous suivez.
    ....
12. S'il suit le chemin de son père, il ira loin.
    ....

6 Complétez avec les verbes *battre*, *descendre*, *faire*, *prendre*, *voir*, *perdre*, *répondre*, *lire*, *se sentir*, *suivre*.

Cécile .... la personne qui lui a envoyé un bouquet de fleurs ; tout à coup elle .... sa trace. Elle .... les escaliers du Sacré Cœur en courant. Elle .... la première rue à droite. Finalement, elle le .... qui .... son journal, tranquillement attablé à une terrasse de café. Elle .... attention de ne pas se faire remarquer. Un passant lui demande si elle .... bien : elle est toute pâle, elle lui .... que tout va bien mais ce n'est pas vrai car son cœur .... à cent à l'heure.

7 Retrouvez ce que fait Cécile, complétez le texte avec les verbes suivants (attention, certains verbes sont utilisés deux fois).

vendre   attendre   descendre
répondre   entendre   prendre

Elle .... l'escalier à toute vitesse car elle .... sonner le téléphone. Elle .... le combiné et .... « Allô ! Allô qui est à l'appareil ? Allô ! Je n'.................... rien. Vous faites erreur, mes parents ne .... pas la maison. Non Monsieur, je vous répète que notre maison n'est pas à .... Mais .... un instant, j'.................... mon père qui arrive ! Oh zut, il a raccroché. »

Enrichissez votre vocabulaire

1 **Relevez dans le texte tous les mots ou expressions qui soulignent l'état d'âme, les sentiments et les sensations physiques de Cécile.**

- la solitude : ....
- l'étonnement : ....
- l'angoisse : ....
- l'agitation : ....
- le soulagement : ....
- la fatigue : ....
- la terreur : son cœur bat très fort ....
- la panique : ....

Attention, dans le texte, il y a plusieurs passages qui traduisent l'agitation de Cécile ou bien sa peur.

Trouvez des verbes et des adjectifs qui se rapportent aux mots suivants.

- Peur, peureux (fém. peureuse) apeuré, faire peur...
- curiosité, éprouver de la curiosité, ...
- solitude, se sentir seul, esseulé, ...
- étonnement, ...
- angoisse, ...
- agitation, ...
- soulagement, ...
- fatigue, ...
- terreur, ...
- panique, ...

ACTIVITÉS

2 Voici une liste d'adjectifs, trouvez leur contraire et reliez-les par des flèches.

magnifique	ancien
nouveau	animé
amusant	rassurant
mystérieux	fou
fatigué	agité
menaçant	horrible
calme	ennuyeux
raisonnable	clair
désert	reposé

Puis utilisez-les dans des phrases : attention à l'emploi et à la formation du féminin de certains d'entre eux !

Rappel

un **nouveau** voisin, un **nouvel** appartement, une **nouvelle** voisine

de **nouveaux** élèves, de **nouvelles** amies

un amour **fou**, un **fol** amour, une aventure **folle**

des gens **fous**, de **folles** aventures

Après avoir lu les exemples ci-dessus, essayez de trouver la règle.

Production orale

DELF 1 Vous vous trouvez devant la maison dont voici une photo. Vous êtes seul(e). Dites quels sont vos sentiments et quelles émotions vous éprouvez tout en décrivant cette maison.

DELF 2 Observez le document et répondez aux questions.

ACTIVITÉS

1. De quel type de document s'agit-il ? C'est
   - [ ] une publicité
   - [ ] un article de journal
   - [ ] un extrait d'un roman
   - [ ] une page web
   - [ ] une petite annonce

   Dites ce qui le prouve.
   ....

2. Qui en est le parrain (le sponsor) ?
   - [ ] Bonjour de France
   - [ ] l'École Azurlingua
   - [ ] le Comité de rédaction
   - [ ] le Moteur de recherche

3. Que peut-on y apprendre ?
   ....

4. Que peut-on y approfondir ?
   ....

5. Pour quelle raison ce magazine est-il né ?
   ....

6. Que pensez-vous de ce type d'initiative ? Êtes-vous pour ou contre ? Dites pourquoi.
   ....

Voici quelques expressions pour vous aider.

> enrichir son vocabulaire – travailler avec Internet – s'amuser – perdre son temps – ne pas avoir peur du jugement ou du regard des autres – faire des exercices – avoir une nouvelle approche des langues étrangères.

Chapitre 5

Toutes pour une...

C'est la télé qui la réveille. Elle est allongée sur le divan. Elle se souvient... Oui, hier soir, ce coup de téléphone lui a fait très peur. Elle a décidé de ne pas dormir. Elle est descendue dans le salon pour regarder la télé toute la nuit. Mais la fatigue a été plus forte, et elle s'est endormie sur le divan. Il ne s'est rien passé ! Enfin, le jour va se lever, et elle ne sera plus seule ! Elle monte prendre une douche, pour se réveiller tout à fait. « J'ai intérêt à ne pas me faire remarquer ce matin ! Si un prof m'interroge, ça va être une catastrophe ! Heureusement, on est mercredi, on sort à midi ! » pense-t-elle devant la glace. Elle a le visage très fatigué.

En sortant de chez elle, elle regarde autour d'elle, elle

---

1. **la veille** : le jour précédent.

Toutes pour une...

cherche l'inconnu de la veille [1]. Elle a peur d'être suivie. Il est tôt, la rue est encore déserte.

Valérie et Sylviane sont arrivées les premières. Valérie se précipite pour l'embrasser.

« Quelle tête tu as ! Tu n'as pas dormi ? Tu sais, je n'ai pas arrêté de penser à toi ! »

Cécile les embrasse très fort, et leur parle du coup de téléphone.

Valérie a peur pour elle, elle lui caresse doucement les cheveux.

« Ne t'en fais pas, je ne te laisse plus seule ! Je m'installe chez toi, jusqu'au retour de tes parents, avec Sylviane »

Quand Aïcha arrive, il faut de nouveau tout raconter.

« Moi, je ne peux pas dormir chez toi, mes parents ne veulent pas ! Tu les connais ! Mais je peux rester avec vous jusqu'à 6 heures, je leur dirai qu'on a un exposé [1] à préparer ! »

Cécile se sent rassurée et protégée par ses amies. Les quatre heures de cours se passent sans incident, mais les filles sont bien heureuses d'être libérées par la cloche. Elles sortent du lycée en se tenant par le bras. Aïcha est excitée par l'aventure, par le mystère.

« On est comme les trois Mousquetaires ! Tous pour un, ou plutôt toutes pour une, et une pour toutes ! »

---

1. **un exposé** : une recherche sur un thème précis.

Qui file Cécile ?

En marchant, elles parlent de l'étrange aventure de leur copine. Sylviane imagine des histoires incroyables, Aïcha plaisante [1], Valérie essaie de les calmer et de raisonner. Cécile ne pense plus à rien, soulagée [2], heureuse de ne plus être seule.

Les quatre filles n'ont pas arrêté un seul instant de parler pendant tout le trajet. Elles sont presque arrivées. Tout à coup, Cécile s'arrête.

« Qu'est-ce qu'il y a ?
– C'est lui, à côté de la voiture blanche ! »

Juste en face de la maison de Cécile, l'inconnu est là. Il tourne autour d'une voiture blanche, se baisse pour regarder les pneus, examine le tuyau d'échappement [3]...

Cécile serre le bras de Valérie.

« Il m'attend, j'en suis sûre ! Il ne doit pas me voir ! Cachez-moi, les filles ! »

Cécile se cache derrière ses trois amies. Elle pousse la grille du jardin, marche très vite dans l'allée, ouvre la porte, et entre chez elle, suivie de ses camarades.

À l'intérieur elles sont plus tranquilles. Mais Aïcha n'a pas fermé la porte. Elle observe l'inconnu.

« Il t'attendait, c'est sûr ! Quand nous sommes passées, il a relevé la tête, il nous a regardées. C'est un maniaque, ce type, j'en suis sûre ! Il faut appeler la police !... »

---

1. **elle plaisante** : elle s'amuse.
2. **soulagée** : tranquillisée.
3. **le tuyau d'échappement** : le tuyau d'où sortent les gaz.

ACTIVITÉS

Compréhension orale

DELF 1 Écoutez l'enregistrement et dites si les affirmations sont vraies ou fausses.

	V	F

Cécile
1. a dormi sur le divan.
2. ne va pas au lycée.
3. rencontre ses camarades.
4. se sent incomprise.
5. ne veut pas voir l'individu qui la suit.

Valérie
1. a peur pour Cécile.
2. caresse les cheveux de Cécile en la consolant.
3. dormira chez Cécile.
4. ne veut pas que Sylviane reste avec Cécile.
5. veut appeler la police.

Sylviane
1. ira dormir chez Cécile.
2. pense que Cécile exagère.
3. plaisante toujours.
4. imagine des choses incroyables.

Aïcha
1. ne peut pas dormir chez Cécile parce que son petit ami est jaloux.
2. ne peut pas dormir chez Cécile parce que ses parents ne le veulent pas.
3. invente un prétexte pour rester chez Cécile l'après-midi.
4. est tout excitée par l'aventure.

ACTIVITÉS

DELF 2 Écoutez de nouveau l'enregistrement et répondez aux questions.

1. Pourquoi Cécile n'a pas dormi dans son lit ?
   ....
2. Comment se sent-elle quand elle se réveille ?
   ....
3. Pourquoi regarde-t-elle autour d'elle quand elle sort dans la rue ?
   ....
4. Comment se sent-elle quand elle parle avec ses amies ?
   ....
5. Que voit-elle à côté de la voiture blanche ?
   ....
6. Que pense Aïcha de l'inconnu qui suit Cécile ?
   ....

Grammaire

Le futur

En français, on peut exprimer l'idée du futur de deux manières : avec le futur simple ou le futur proche.

- Pour former le futur simple, on ajoute les désinences suivantes à l'infinitif :

   -ai, -as, -a, -ons, -ez, -ont

   *Je parler-**ai** ; j'entendr-**ai** ; je jouer-**ai** ; tu étudier-**as**.*

- Le futur proche est un gallicisme. Il est très employé en français, à la place du futur. Il se forme selon le schéma suivant : **aller + infinitif**.

   *Je **vais** partir pour l'Amérique.*
   *Ils **vont** venir me voir pour Noël.*

ACTIVITÉS

1 **Conjuguez les verbes au futur simple et terminez les phrases comme vous le désirez.**

1. Les quatre filles s'arrêtent devant le commissariat pour…
   ....
2. Elles sont plus tranquilles quand…
   ....
3. Il l'attend, caché derrière la voiture pour…
   ....
4. Je ne peux pas dormir avec toi parce que…
   ....
5. Elles sortent à midi après…
   ....
6. Il ne doit pas me voir parce que…
   ....

2 **Remplacez les futurs proches par des futurs simples.**

1. Ses parents vont se préoccuper s'ils ne voient pas Cécile revenir.
   ....
2. Vous n'allez pas pouvoir sortir parce qu'il fait déjà nuit.
   ....
3. Les professeurs de Cécile ne vont pas l'interroger, ils savent qu'elle passe une mauvaise période.
   ....
4. Aïcha ne va pas sortir avec ses amies, ses parents sont très sévères.
   ....
5. Est-ce que les parents de Cécile ne vont pas revenir bientôt ?
   ....
6. Cécile va parler à ses amies et elle va décider ce qu'elle va faire.
   ....

ACTIVITÉS

L'indéfini on

> **On** est mercredi.
> **On** est comme les trois mousquetaires.

On utilise très souvent en français le pronom indéfini sujet **on**, à la place du pronom personnel **nous**.

Ce pronom indéfini **on** est utilisé aussi quand le sujet est imprécis, très vague :

> **On** dit que les jeunes sont irresponsables.

(**on** représente ici les gens, l'opinion publique...)

Attention, **on** est toujours suivi d'un verbe à la troisième personne du singulier.

3 Relisez le chapitre, et relevez les phrases ayant pour sujet *on* ; par quel autre sujet pourriez-vous le remplacer ?

4 Remplacer les sujets par le pronom indéfini *on*.

1. Les amies de Cécile pensent qu'il est temps d'appeler la police.
   ....
2. Nous croyons que l'inconnu qui suit Cécile n'existe pas.
   ....
3. Nous sommes sûrs que Cécile est trop peureuse.
   ....
4. Nous sommes le 18 février 2010.
   ....
5. Ils sont certains que les choses vont se calmer.
   ....
6. Elles ne savent pas pourquoi Cécile n'a pas dormi.
   ....
7. Les filles diront qu'elles doivent travailler ensemble.
   ....

ACTIVITÉS

Très ou beaucoup ?

*Cécile a **très** peur, elle est **très** fatiguée.*
*Aïcha parle **beaucoup** !*

Très et **beaucoup** sont des adverbes de quantité et d'intensité.

- **Très** est employé devant les adjectifs et les adverbes. C'est la marque du superlatif absolu.
  *Cécile est **très** agitée, elle court **très** vite.*

- **Beaucoup** est employé avec des verbes : il exprime une idée de quantité.
  *Pierre parle **beaucoup** ; Aïcha rit **beaucoup**.*

Quand le verbe est à une forme composée, **beaucoup** se met entre l'auxiliaire et le participe passé :
  *J'ai **beaucoup** travaillé.*

Attention : dans certaines expressions (*avoir faim, avoir soif, avoir envie*...) on utilise l'adverbe **très** pour marquer l'intensité :
  *J'ai **très** faim.*

5 Complétez avec *beaucoup*, *beaucoup de* (*d'*) ou *très*.

Cécile a .... amies. C'est une fille .... sympathique, elle lit ...., écoute de la musique, chante .... bien. L'été dernier, elle a .... travaillé pour se payer un ordinateur, elle aime .... surfer sur le net ; ses parents ne sont pas .... enthousiastes, ils ont .... peur qu'elle rencontre des personnes qui ne sont pas .... recommandables. Mais Cécile fait .... attention, elle ne donne pas .... informations sur elle et sa vie privée et surtout pas son adresse.

ACTIVITÉS

Production orale

1 L'expression du mouvement.

Relevez dans le chapitre tous les verbes et les prépositions indiquant une idée de mouvement.

verbes	descendre, monter, sortir...
prépositions	sur, devant, autour de...

En utilisant les verbes et les expressions que vous avez trouvés, décrivez l'itinéraire de Cécile pour aller du lycée jusque chez elle.

Cécile sort de sa classe. Elle descend et elle arrive à la grille du lycée. ....
....
....
....

DELF **2** Observez le document et répondez aux questions.

ACTIVITÉS

1. De quel type de document s'agit-il ?
   - [ ] d'une page web
   - [ ] de la Une d'un journal
   - [ ] d'une page d'un magazine
   - [ ] de l'affiche d'un spectacle

2. Que propose-t-on ?
   - [ ] de visiter un musée d'art moderne
   - [ ] de visiter un musée virtuel
   - [ ] de visiter le musée du Quai d'Orsay
   - [ ] de visiter Le Louvre

3. Que peut-on y découvrir ?
   ....

4. Quelles sont les caractéristiques de ce musée ?
   ....

5. Qui l'a réalisé ?
   ....

6. À qui s'adresse-t-il ?
   ....

7. Quels musées avez-vous visités ?
   ....

8. Êtes-vous tenté de visiter le musée présenté, pourquoi ?
   ....

Chapitre 6

Les filles passent à l'attaque

alérie est indécise.

« Appeler la police ! Mais on ne peut rien prouver. Il n'est pas interdit de regarder sa voiture ! Après tout, ce type ne fait rien de mal !

– J'ai une idée ! »

C'est Sylviane qui est en train d'observer la rue, qui a parlé. Ses camarades se tournent vers elle.

« Le type est toujours là. On va le suivre, on verra bien ce qu'il fait, on découvrira peut-être quelque chose sur lui !

– Génial ! »

Aïcha est enthousiaste à l'idée de jouer les détectives.

Cécile, elle, est plus sceptique. [1]

---

1. **sceptique** : qui a un doute, qui n'est pas convaincu.

Les filles passent à l'attaque

« Moi, je ne peux pas venir, j'ai trop peur ! Et puis je dois rester à la maison, si ma mère me téléphone ! Et je ne veux pas rester seule !

— Bon », dit Valérie « Sylviane va rester ici avec toi. Aïcha et moi, on va suivre le type ! On verra bien !

— D'accord ! Toutes pour une, une pour toutes ! Tu vas voir, mon bonhomme ! » s'exclame Aïcha.

« Il s'en va ! Allez-y, les filles, et faites attention : il ne doit pas vous voir ! »

Sylviane a vu l'homme se relever. Les mains dans les poches, il s'éloigne.

Aïcha et Valérie sortent de chez Cécile, sans faire de bruit.

« Il a tourné au coin de la rue. On y va ! »

L'homme marche vers le centre ville. Il est une heure et demie, les gens sont encore chez eux en train de manger, ou dans les selfs et les restaurants du centre pour le déjeuner. Peu à peu, la ville s'anime. Dans les rues désertes, Valérie et Aïcha avaient peur de se faire remarquer ; maintenant, elles doivent marcher plus vite pour ne pas perdre leur homme. Il va toujours droit devant lui. Il ne s'est pas retourné une seule fois. Il s'arrête seulement pour traverser, toujours sur les clous [1]. Dans les rues plus animées du centre, il ralentit [2]. Il regarde les vitrines des magasins.

« Zut ! On n'arrivera jamais à le suivre là-dedans ! »

Valérie est inquiète. Leur homme vient d'entrer à

---

1. **traverser sur les clous** : traverser la rue sur des passages réservés aux personnes qui sont à pied.
2. **il ralentit** : il va moins vite.

Qui file Cécile ?

Monoprix. Il y a beaucoup de clients partout. Les fêtes de Noël approchent. On en profite pour se promener, chercher des idées de cadeaux, ou faire ses premiers achats.

Le rayon des jouets est plein d'enfants. Comme tous les clients, l'homme se promène, s'arrête, regarde. À la parfumerie, il sent plusieurs échantillons [1] ; il s'arrête aussi devant le rayon de lingerie féminine. Aïcha et Valérie sont à la bijouterie. Elles l'observent.

« Je te l'avais dit que c'est un maniaque, ce type ! Il va falloir appeler la police !

– Chut ! » répond Valérie, « ne le perds pas de vue ! »

L'homme a pris l'escalier roulant [2]. Il flâne entre les disques et les livres qu'il feuillette au hasard.

Derrière lui, les filles ne savent plus quoi faire.

« Si ça continue, il va nous voir ! »

Aïcha est fatiguée, elle ne rit plus.

« On n'a même pas mangé ! J'ai faim moi, je vais tomber dans les pommes [3] ! »

Il est presque trois heures quand elles se retrouvent dans la rue, derrière l'individu.

« Regarde ! Cette fois-ci, on le tient ! on va pouvoir appeler la police ! ». Aïcha s'est arrêtée. L'homme vient de rentrer dans une cabine téléphonique...

---

1. **un échantillon** : un produit qui n'est pas en vente et qui est donné aux clients pour qu'ils l'essaient.
2. **l'escalier roulant** : dans les aéroports, le métro ou les grands magasins, ce sont des escaliers mobiles, ainsi les gens ne se fatiguent pas.
3. **je vais tomber dans les pommes** : (fam.) je vais m'évanouir, tomber par terre sans connaissance.

A C T I V I T É S

Compréhension orale et écrite

DELF 1 Écoutez l'enregistrement, puis dites qui dit quoi.

1. ☐ Il n'est pas interdit de regarder sa voiture.
2. ☐ J'ai une idée.
3. ☐ J'ai trop peur.
4. ☐ Toutes pour une, une pour toutes.
5. ☐ On n'arrivera jamais à le suivre là-dedans.
6. ☐ J'ai faim moi, je vais tomber dans les pommes.
7. ☐ On va pouvoir appeler la police !

a. Valérie **b.** Sylviane **c.** Aïcha **d.** Cécile

DELF 2 Lisez ce chapitre puis répondez aux questions ou cochez les bonnes réponses.

1. Où se trouvent les quatre amies ?
   ....
2. Que font-elles ?
   ....
3. Pourquoi Cécile refuse de suivre ses camarades ?
   ....
4. Quelle heure est-il ?
   ....
5. À quel moment de l'année se déroule cette histoire ?
   ....
6. L'homme entre
   ☐ dans un supermarché.
   ☐ dans une épicerie.
   ☐ dans une grande surface.
   ☐ dans une boulangerie.
   ☐ dans une mercerie.
   ☐ dans une parfumerie.

7. Aïcha ne rit plus
- [ ] parce qu'elle a sommeil.
- [ ] parce qu'elle a faim.
- [ ] parce qu'elle a soif.
- [ ] parce qu'elle est triste.

Grammaire

La formation du pluriel

En règle générale, on forme le pluriel en ajoutant un **-s** au singulier :
> *Un détective perspicace, des détectives perspicaces.*

Mais attention :
- Les mots se terminant par **-s**, **-z** ou **-x** au singulier restent invariables :
  > *Un tapis, des tapis ; le gaz, les gaz ; un prix, des prix.*
- les mots se terminant par **-eau**, **-eu** prennent presque tous un **-x** au pluriel :
  > *Un château, des châteaux ; un jeu, des jeux.*
  > (exceptions : *des pneus, des yeux bleus*)
- Presque tous les mots se terminant en **-al** font leur pluriel en **-aux** :
  > *Un journal, des journaux.*
  > (exceptions : *des festivals, des bals...*)
- Les noms en **-ou** suivent la règle générale, sauf : *chou, genou, caillou, bijou, joujou, hibou* et *pou* qui prennent un **-x** au pluriel.

ACTIVITÉS

1 Mettez au pluriel les mots entre parenthèses.

1. Ces (*bijou*) .... sont inestimables, les femmes les portaient durant les (*bal*) .... dans les (*château*) .... les plus (*prestigieux*) .... au monde.

2. Pouvez-vous me donner les (*prix*) .... de ces (*article*) .... ? J'en ai besoin pour faire les (*inventaire*) .... des (*marchandise*) .... Il faut aussi m'indiquer les (*principal*) .... (*jeu*) .... qui sont les plus vendus.

3. Il y a beaucoup de gens (*malheureux*) ...., il suffit de lire les (*journal*) .... pour s'apercevoir que la misère est partout ; les (*guerre*) .... font rage, au nord comme au sud. Les (*prix*) .... augmentent sans cesse et le chômage aussi.

4. Je voudrais ces (*petit*) .... (*hibou*) .... en cristal, j'en fais la collection ! Je vais les mettre avec mes (*bijou*) .... loin des (*regard*) .... de mon enfant de quatre ans qui les prend pour des (*joujou*) .... ou des (*caillou*) ....

5. Aujourd'hui sur le marché, le prix des (*chou*) .... a encore augmenté : ce sont les (*gelée*) .... de cette nuit et les (*pluie*) .... du mois dernier qui ont détruit toute la production des (*légume*) .... et en particulier celle des (*chou*) ....

6. Durant les (*festival*) ...., il est facile de trouver des gens (*génial*) .... En effet, les (*principal*) .... (*acteur*) .... et (*metteur en scène*) .... s'y donnent rendez-vous.

ACTIVITÉS

Les verbes du deuxième groupe

Dans les rues plus animées du centre, il ralentit.

Le verbe **ralentir** est un verbe du deuxième groupe : la désinence de l'infinitif est en **-ir**, et celles du présent sont :

-is, -is, -it, -issons, -issez, -issent

Présent de l'indicatif	Passé composé
je ralentis	j'ai ralenti
tu ralentis	tu as ralenti
il ralentit	il a ralenti
nous ralentissons	nous avons ralenti
vous ralentissez	vous avez ralenti
ils ralentissent	ils ont ralenti

2 Complétez les phrases avec ces verbes appartenant au deuxième groupe à la forme et au temps qui convient (présent, passé composé, futur).

> choisir   finir   noircir   réussir
> maigrir   pâlir   blanchir   obéir

1. Si vous .... trop, vous .... par être malade ! N'oubliez pas que l'anorexie est une maladie très grave.
2. Plus tard, tu .... ce que tu veux faire, maintenant tu es trop jeune pour décider quel sera ton avenir.
3. Ils .... leur examen et comme récompense, ils sont partis pour les Caraïbes. Ils veulent d'abord visiter la Martinique puis la Guadeloupe.
4. Certains hommes politiques de l'opposition .... toujours le tableau de la situation économique. C'est une stratégie bien connue !
5. Il .... aux ordres donnés, il n'a pas le choix, c'est un soldat !
6. Certains mafieux .... l'argent de la drogue en achetant des fonds de commerce puis en les revendant.

ACTIVITÉS

L'impératif

Ce mode a trois personnes : la 2ème du singulier, la 1ère et la 2ème du pluriel.

- Il ne faut pas mettre le sujet et tous les verbes dont la 2ème personne du singulier du présent se termine par **es** perdent le **s** :

   Parle plus fort ; ne crie pas comme ça !
   Regarde ! c'est Valérie à la télé.

- À la forme affirmative, les pronoms personnels sont placés après le verbe :

   *Regarde-**le**, il est en train de t'observer !*

   Ils deviennent toniques pour la 1ère et la 2ème personnes :
   *Écoute-**moi**, il faut absolument suivre ce type !*
   *Retourne-**toi**, il va bientôt tourner à gauche...*

- S'il y a les pronoms à valeur adverbiale : **en** et **y**, on remet le **s** aux verbes dont la deuxième personne se termine par **e** :

   Pense à ta mère / penses-y.
   Achète des cadeaux pour tes parents / achètes-en.

- À la forme négative, les pronoms sont toujours placés devant le verbe :

   *Ne **t'en** fais pas ! Ne **l'**appelle pas !*

3 Retrouvez dans les chapitres précédents tous les impératifs et écrivez-les dans les colonnes.

Impératifs affirmatifs	Impératifs négatifs	Impératif du verbe *être*	Impératif du verbe *avoir*
Allez-y	Ne t'en fais pas	Sois, soyons, soyez	Aie, ayons, ayez

ACTIVITÉS

4 **Transformez à l'impératif les ordres suivants.**

Exemple : *Tu ne dois pas laisser tes livres à la maison.*
Ne laisse pas tes livres à la maison !

1. Tu ne dois pas traverser la rue sans regarder à droite et à gauche.
   ....

2. Tu ne dois pas bavarder en classe.
   ....

3. Tu dois recopier les phrases du tableau.
   ....

4. Tu dois obéir à ton professeur.
   ....

5. Tu dois écrire proprement.
   ....

6. Tu dois lire à voix haute.
   ....

7. Tu dois faire tes calculs mentalement.
   ....

8. Tu ne dois pas être agressif.
   ....

9. Tu dois être gentil.
   ....

10. Tu ne dois pas parler à des inconnus.
    ....

ACTIVITÉS

Enrichissez votre vocabulaire

1 Ce chapitre est riche en mots concernant la ville et les magasins, relevez-les puis écrivez-les dans les colonnes.

LA VILLE

groupes nominaux	groupes verbaux
la rue	tourner au coin de la rue
....	....
....	....

LES MAGASINS

groupes nominaux	groupes verbaux
les vitrines des magasins	faire ses premiers achats
le rayon des jouets	sentir plusieurs échantillons
....	....

2 Inventez un bref dialogue entre Joséphine, 4 ans, qui s'est perdue dans une grande surface (une sorte de supermarché où l'on vend de tout) et un vendeur. L'enfant pleure, le vendeur s'approche et lui demande ce qu'elle a. Utilisez les mots suivants.

rayon parfumerie   être en train de choisir un parfum
s'éloigner   aller au rayon des jouets
regarder les peluches   jouer avec Mickey
ne plus trouver maman   se perdre
tourner à gauche   à droite   se mettre à pleurer

Détente

Mots croisés.

Horizontalement

1. Aïcha est enthousiaste à l'idée de jouer ce personnage.
3. C'est là que traverse l'inconnu.
4. Préposition – Adverbe que l'on utilise pour répondre affirmativement à une question négative.
5. Ce n'est pas une bonne élève, elle est...
6. Cécile en est une.
7. Deviendra – Saison chaude de l'année.
8. Pronom personnel qui est utilisé entre amis – Réseau Routier.
9. C'est ce que fait Cécile après le dernier cours (à l'infinitif).
10. Conjonction de coordination.

Verticalement

1. Préposition qui signifie à l'intérieur – Point cardinal où se lève le soleil.
2. Adjectif possessif pluriel.
3. C'est ce que fait l'individu au coin de la rue à l'infinitif.
4. Ce sont des rayons qui font bronzer – Terme de négation.
5. C'est le prénom du personnage principal de notre histoire – Conjonction de coordination.
6. Deuxième note de musique.
7. C'est ce que fait l'inconnu à Monoprix.
8. Pronom personnel deuxième personne du pluriel – Il flâne mais sans savoir véritablement où il va.
9. On l'appelle la peste de notre siècle, c'est une maladie mortelle.

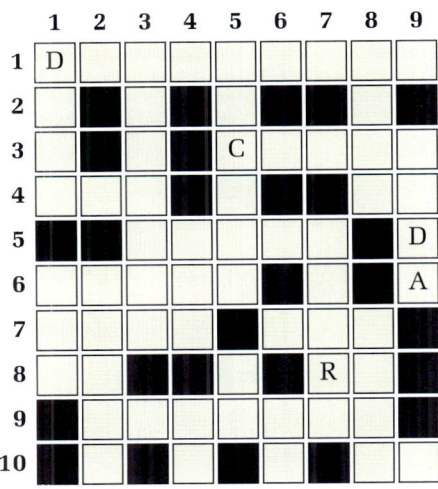

87

ACTIVITÉS

PROJET INTERNET

Yves Simon est un chanteur-écrivain, auteur de huit romans et interprète de dix albums.

À l'aide de votre professeur et d'un moteur de recherche, connectez-vous au site officiel de ce personnage.

Lisez attentivement la biographie d'Yves Simon et répondez aux questions ou cochez les bonnes réponses.

1. Le père d'Yves Simon
   - ☐ est employé de bureau.
   - ☐ est médecin.
   - ☐ est architecte.
   - ☐ travaille dans les chemins de fer.

ACTIVITÉS

2. Qui est Gainsbourg ?
- [ ] un danseur
- [ ] un homme politique
- [ ] un chanteur
- [ ] un écrivain

3. Où se trouve Nancy ?
....

4. Où va-t-il quand il a 19 ans ?
....

5. Il fréquente alors
- [ ] l'université.
- [ ] l'ENA.
- [ ] l'École polytechnique.

6. De quel instrument joue-t-il ?
....

7. Quels groupes préfère-t-il ?
....

8. Que fait-il ensuite ?
....

9. Avez-vous déjà fait des voyages à l'étranger ?

Si la réponse est affirmative : où ? Que vous ont-ils apporté ? Qu'avez-vous ramené de ces voyages ? Avez-vous été enthousiaste ? Avez-vous été déçu(e) ? Seriez-vous prêt(e) à repartir demain ?

Si la réponse est négative : aimeriez-vous partir ? Quelle serait votre destination ? Qu'attendez-vous du voyage ? Au contraire, préférez-vous rester dans votre ville, pourquoi ?

Chapitre 7

Pris sur le fait !

L'inconnu cherche quelques pièces de monnaie au fond de sa poche. Il prend un petit carnet [1], l'ouvre, et forme un numéro.

« J'y vais, je vais écouter ce qu'il raconte ! »

Valérie ne peut pas arrêter son amie. Aïcha est déjà devant la cabine, elle regarde à l'intérieur, comme si elle voulait téléphoner. Valérie vient à côté d'elle.

« Regarde ! Il ne parle pas ! Je suis sûre qu'il a appelé Cécile ! »

En effet, à l'intérieur de la cabine, l'homme a toujours le combiné à l'oreille, mais ses lèvres sont immobiles. Il ne parle pas. Il raccroche ; puis il reforme un numéro.

Aïcha se penche pour voir le numéro qu'il compose, mais

---

1. **un carnet** : un petit cahier, sur lequel on inscrit les numéros de téléphone.

Pris sur le fait !

avec le reflet des vitres, ce n'est pas possible.

Il tient le combiné contre son oreille. Mais il ne parle pas.

« Mais qu'est-ce qu'il croit, ce sadique ! Et la pauvre Cécile, elle doit trembler de peur ! J'y vais ! »

Valérie ne peut rien faire, Aïcha a déjà ouvert la porte de la cabine.

« Espèce de maniaque sadique ! » crie-t-elle, « si tu n'arrêtes pas, on va appeler la police ! Fais attention, tu finiras en prison ! »

Valérie a peur, elle tire Aïcha par le bras, hors de [1] la cabine. Elles se sauvent très vite.

Dans la cabine, l'homme est stupéfait, il les regarde courir, le combiné à la main.

Pendant ce temps, Sylviane essaie de calmer Cécile. Pour la deuxième fois, le téléphone a sonné... Pour la deuxième fois, il n'y avait personne à l'autre bout du fil.

« Écoute, la prochaine fois, c'est moi qui réponds ! Si j'imite une voix d'adulte, il aura peur, il pensera que c'est ta mère, il te laissera tranquille. »

Cécile n'est pas d'accord.

« Mais je veux savoir qui c'est ! C'est angoissant de savoir que quelqu'un t'observe, te suit, et de ne pas savoir qui c'est ! »

À cet instant, Aïcha et Valérie arrivent comme deux folles. Aïcha se laisse tomber sur une chaise. Elle rit :

« Cette fois-ci, il ne t'embêtera plus [2] ! Je crois qu'on lui a fait peur ! »

---

1. **hors de** : à l'extérieur de.
2. **il ne t'embêtera plus** : il te laissera tranquille.

Qui file Cécile?

Les deux filles racontent leur après-midi. Cécile pousse un cri.

« Alors, c'est lui ! Cette fois-ci, c'est sûr ! Il a téléphoné deux fois ! Ça ne peut être que lui !

— Dis, Valérie, qu'est-ce qu'on fait, on avertit la police ? Maintenant, on a des preuves, non ? »

Aïcha s'est tournée vers Valérie. Mais même la sage Valérie est perplexe.

« Oui » dit-elle, « c'est sûrement ce type qui embête Cécile. Mais qu'est-ce qu'on peut raconter à la police ? Vous pensez que ça suffira ? Et puis, comment faire pour le retrouver ? Si c'est lui, avec la scène d'Aïcha, il va avoir peur. Et si la police ne nous croit pas ? »

La sonnerie du téléphone interrompt les quatre camarades.

« Je vais répondre ? » demande Sylviane. Mais Cécile s'est déjà levée.

« Non, j'y vais ! Je veux savoir ! »

Elle n'a plus peur. Au contraire, elle est très en colère. Elle se met à hurler :

« Allô ? Allô ? Parlez, je sais qui vous êtes, espèce de... »

À l'autre bout du fil, elle entend une voix timide :

« Allô Cécile ? C'est... »

Compréhension orale

1 Écoutez ce chapitre et cochez la réponse exacte ou écrivez l'information demandée.

1. L'inconnu cherche
   - [ ] des stylos.
   - [ ] des pièces de monnaie.
   - [ ] des billets dans sa poche.

2. Il se trouve
   - [ ] dans une cabine téléphonique.
   - [ ] dans un bar.
   - [ ] chez Cécile.

3. Quelle réaction a Aïcha ?
   ....

4. Pendant ce temps, Cécile reçoit
   - [ ] deux coups de fil mystérieux.
   - [ ] un autre bouquet de fleurs.
   - [ ] la visite de son persécuteur.

5. Quand Aïcha et Valérie arrivent chez Cécile,
   - [ ] elles racontent qu'elles ont attrapé le mystérieux inconnu.
   - [ ] elles racontent qu'elles sont allées à la police.
   - [ ] elles racontent qu'elles ont suivi l'inconnu.

6. Qu'est-ce qui interrompt les quatre camarades ?
   ....

A C T I V I T É S

DELF 2 Écoutez de nouveau ce septième chapitre puis dites qui dit quoi.

1. ☐ Je vais écouter ce qu'il raconte.
2. ☐ Qu'est-ce qu'il croit, ce sadique !
3. ☐ On va appeler la police.   a. l'inconnu
4. ☐ Si j'imite une voix d'adulte, il aura peur.   b. Aïcha
5. ☐ Je veux savoir qui c'est.   c. Cécile
6. ☐ Alors c'est lui !   d. Valérie
7. ☐ Et si la police ne nous croit pas. e. Sylviane
8. ☐ Je vais répondre ?
9. ☐ Parlez, je sais qui vous êtes.

Grammaire

Croire, aller

Ces deux verbes très usuels sont irréguliers. Voici le présent de l'indicatif :

croire (auxiliaire : avoir)
je crois
tu crois
il croit
nous croyons
vous croyez
ils croient

participe passé : **cru**

aller (auxiliaire : être)
je vais
tu vas
il va
nous allons
vous allez
ils vont

participe passé : **allé**

ACTIVITÉS

1 Retrouvez ces formes verbales dans le chapitre, et faites-en l'analyse grammaticale.

La forme hypohétique

Si tu n'arrêtes pas, on va appeler la police !

On construit la forme hypothétique selon le schéma suivant :

- **Si + présent**, principale au **futur**
  Si Aïcha voit le numéro, elle saura à qui l'inconnu téléphone.
- **Si + imparfait**, principale au **conditionnel**
  Si ses parents étaient là, Cécile n'aurait pas peur.

Rappel : les désinences de l'**imparfait** et du **conditionnel** sont :

-ais, -ais, -ait, -ions, -iez, -aient

– Pour former l'imparfait, on ajoute ces désinences au radical de la première personne du pluriel du présent (voir aussi le chapitre 8) :

présent	imparfait
nous écoutons	j'écoutais, tu écoutais, ...
nous finissons	je finissais, tu finissais, ...
nous prenons	je prenais, tu prenais, ...
nous pouvons	je pouvais, tu pouvais, ...

– Pour former le conditionnel, on ajoute ces désinences à l'infinitif :
je parler-**ais**, vous prendr-**iez** ...

ACTIVITÉS

2 Mettez le verbe entre parenthèses au temps approprié.

1. Si elles (*avoir*) .... des preuves, elles pourraient aller à la police.
2. Si l'inconnu n'avait pas l'air louche, elles ne le (*soupçonner*) .... pas.
3. Si Aïcha (*être*) .... moins courageuse, elle ne parlerait pas à l'inconnu sur ce ton.
4. Si la police était au courant, elle (*arrêter*) .... sûrement le mystérieux inconnu.
5. Si l'homme parlait au téléphone, les deux filles ne (*être*) .... pas sûres que c'est lui le coupable.
6. Si Sylviane répondait au téléphone à la place de Cécile, l'inconnu (*avoir peur*) ....
7. Cécile serait moins angoissée, si elle (*savoir*) .... qui est l'inconnu.

3 Faites une chaîne hypothétique sur le modèle suivant.

Si Cécile mangeait du chocolat, elle grossirait ; si elle grossissait, ses vêtements ne lui iraient plus ; si ses vêtements ne lui allaient plus, elle devrait en acheter d'autres ; si elle devait en acheter d'autres, elle n'aurait plus d'argent ; si elle n'avait plus d'argent, elle ne pourrait plus acheter de chocolat...

1. *Si Cécile avait un frère* ....
   ....
2. *Si l'inconnu se présentait à la porte de Cécile* ....
   ....

A C T I V I T É S

Enrichissez votre vocabulaire

1 Le téléphone.
Retrouvez dans le chapitre tous les mots qui appartiennent au champ lexical du téléphone.

substantifs	*un carnet, le numéro...*
verbes	*former un numéro ...*

DELF **2** Dites à qui vous adressez ces cartes et écrivez un petit texte qui les accompagne.

ACTIVITÉS

99

A C T I V I T É S

Détente

**Dans la grille se cachent les noms de grands savants et inventeurs, liés au monde de la communication.
Retrouvez-les.**

> Marconi   Bell   Morse   Edison
> Volta   Gutenberg   Lumière
> Niepce   Hertz   Daguerre

Les lettres restantes vous donneront le nom des inventions de Bell et des frères Lumière.

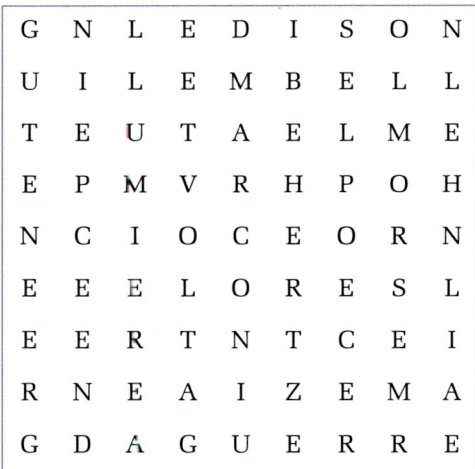

G	N	L	E	D	I	S	O	N
U	I	L	E	M	B	E	L	L
T	E	U	T	A	E	L	M	E
E	P	M	V	R	H	P	O	H
N	C	I	O	C	E	O	R	N
E	E	E	L	O	R	E	S	L
E	E	R	T	N	T	C	E	I
R	N	E	A	I	Z	E	M	A
G	D	A	G	U	E	R	R	E

Chapitre 8

Tout ça pour rien

Cécile repose le combiné. Ses camarades sont autour d'elle.

« Alors ? » demandent-elles, toutes ensemble.

Cécile est stupéfaite ! « C'est Jean-Michel ! ». Au collège, c'était son meilleur ami. Ils étaient toujours ensemble, en classe, à la maison pour faire leurs devoirs, le mercredi pour aller au cinéma. Et puis, au lycée, on les a mis dans des classes différentes. Cécile a connu de nouvelles amies, et elle a oublié Jean-Michel. Elle le voit quelquefois, mais elle le salue à peine. Il avait une photo de Cécile, du temps du collège, il l'avait envoyée à la télé, par jeu. Et puis elle avait été tirée au sort. Il espérait faire plaisir à Cécile, redevenir son ami. Mais Cécile ne lui parlait toujours pas. Alors il avait pensé qu'elle était en colère. Il avait essayé de lui téléphoner, plusieurs fois... mais il n'avait pas osé lui parler... Il était trop timide !

Qui file Cécile ?

« Alors, le téléphone, les fleurs, c'est lui ! Un garçon du lycée ! Et l'autre alors ? Le maniaque ? »

Les filles n'en reviennent pas. Le mystère est résolu... mais en partie seulement...

Le lendemain au lycée, Cécile parle longuement avec Jean-Michel. Elle le présente à ses amies. Elles le trouvent toutes bien sympathique. Jean-Michel rit beaucoup quand les filles lui racontent les aventures des derniers jours.

« Alors, » dit-il, « je vous ai fait peur... mais je ne pouvais pas savoir... De toute façon, il faut absolument découvrir qui est l'homme qui suit Cécile ».

Le soir, il accompagne Valérie, Cécile et Sylviane. Il a décidé d'affronter l'inconnu, s'il est toujours là.

En arrivant chez elle, Cécile a une bonne surprise. Un taxi se gare dans la rue, ses parents en sortent. Elle se précipite vers eux.

« Maman ! Papa ! Comment va Mamie ? ! »

M. et Mme Rolland embrassent leur fille. L'opération s'est bien passée, sa grand-mère sortira bientôt, et viendra chez eux pour sa convalescence.

Tout le monde parle en même temps. Tout à coup, Cécile s'interrompt. L'inconnu est là, il s'approche. Elle pâlit ; instinctivement, elle se rapproche de Jean-Michel.

« Bonjour ! Déjà de retour ! Tout s'est bien passé ? »

L'inconnu serre la main de son père, et de sa mère...

Cécile ouvre de grands yeux. L'inconnu lui tend la main :

« Bonjour, Cécile. Alors, tes parents sont revenus, tu es contente ? »

Qui file Cécile ?

Cécile reste muette de surprise...

« Eh bien, Cécile, qu'est-ce qui t'arrive ? » lui dit son père. « Tu as perdu ta langue ? Tu ne dis pas bonjour à Monsieur Durand ? C'est notre nouveau voisin. Je lui avais demandé de surveiller si tout se passait bien... Ah ! J'avais peut-être oublié de te le dire ? »

Finalement, Cécile comprend. Alors, cet homme ne la suivait pas ! Ce n'était pas un maniaque ! C'est simplement un nouveau voisin ; ses parents inquiets lui avaient dit qu'elle était seule, et il contrôlait en passant devant la maison que tout était en ordre ! Elle lève les yeux vers Jean-Michel, qui a une grande envie de rire. Valérie, elle, se fait toute petite, elle baisse la tête, car elle a peur d'être reconnue par l'homme ; elle repense à la scène de la cabine téléphonique !
Heureusement, Aïcha n'est pas là !

Finalement, Cécile tend la main à l'inconnu, et lui sourit :

« Bonjour, Monsieur Durand... Enchantée de faire votre connaissance ! »

Fin

A C T I V I T É S

Compréhension orale et écrite

DELF 1 Écoutez l'enregistrement et répondez aux questions ou cochez les bonnes cases.

1. Jean-Michel est
   - [ ] un ami de Sylviane.
   - [ ] un camarade de classe de Cécile de la maternelle.
   - [ ] un camarade de classe de Cécile du collège.
   - [ ] un camarade de classe de Cécile du lycée.
   - [ ] un camarade de classe de Cécile de l'école primaire.

2. C'est lui
   - [ ] qui a téléphoné à Cécile.
   - [ ] qui a envoyé des fleurs à Cécile.
   - [ ] qui a contacté la télé.

3. Comment réagit-il quand Cécile lui raconte ses aventures avec le « maniaque » ?
   ....

4. Quelle bonne surprise attend Cécile en rentrant chez elle ?
   ....

5. Alors, qui est l'inconnu ?
   ....

6. Pourquoi Cécile a un peu honte quand elle lui tend la main ?
   ....

A C T I V I T É S

DELF **2** Lisez ce dernier chapitre et dites qui éprouve quoi et quand.

| Jean-Michel | Cécile | les parents de Cécile | M. Durand |

Stupéfaction ....

Amusement ....

Peur ....

Surprise ....

Soulagement ....

Honte ....

Inquiétude ....

3 Avez-vous tout compris ? Comment l'auteur a-t-il fait pour vous surprendre ? Aviez-vous imaginé cette fin ? sinon laquelle ?
Ce texte est basé sur deux révélations.

1ère révélation :
La personne qui a envoyé la photo de Cécile à la télé est un ex-camarade de classe. Quels étaient les rapports entre Cécile et Jean-Michel au collège ? Qu'est-ce qui a marqué la rupture ? Qu'a fait Jean-Michel pour reprendre contact avec Cécile ? Qu'en pensez-vous ?

2ème révélation :
Le « maniaque » est le voisin de Cécile. Pourquoi y a-t-il eu ce malentendu ? Qu'aurait pu faire le voisin pour dissiper ce malentendu ?

Pourquoi la seconde révélation est plus importante que la première ?

ACTIVITÉS

Grammaire

L'imparfait

Ce temps est utilisé pour exprimer une action passée qui se prolonge dans le temps :

C'était son meilleur ami.

ou une répétition de cette action dans le passé, comme une habitude :

Ils étaient toujours ensemble.

Tandis que le plus-que-parfait exprime une action antérieure au passé composé : *il a essayé* est une action plus proche de nous que *il avait essayé*.

1 Relevez dans ce chapitre les imparfaits, les plus-que-parfaits et les passés composés et mettez-les dans des colonnes.

2 Mettez les phrases à l'imparfait, puis au plus-que-parfait (attention à la place des adverbes).

1. Ses amis contrôlent la sortie des classes. Il y a beaucoup trop d'accidents !
   ....
2. Son voisin lui tend la main quand il la voit.
   ....
3. Elle a peur d'être reconnue par l'homme.
   ....
4. Quand ses parents rentrent à la maison, elle se précipite vers eux.
   ....
5. Tout le monde parle en même temps.
   ....
6. Elles le trouvent bien sympathique.
   ....

ACTIVITÉS

7. Il espère faire plaisir à Cécile.

....

8. Ils sont toujours ensemble.

....

9. C'est son meilleur ami.

....

10. Il faut découvrir qui est cet homme.

....

Production orale et écrite

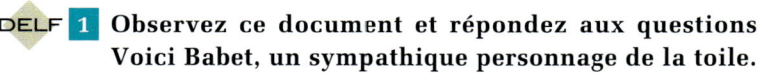

DELF 1 Observez ce document et répondez aux questions. Voici Babet, un sympathique personnage de la toile.

Mon exploit personnel ? J'ai réussi à récupérer 300 kg de piles pour le recyclage. J'ai demandé à tous les enfants de l'école de mon quartier de m'aider. Et avec les lecteurs CD, consoles de jeux et autres gadgets à piles, il y a du travail !

Mon secret ? Depuis que je suis toute petite, j'ai un ange gardien sur mon épaule. Il s'appelle Bebat et ressemble à une petite pile. Quand je prends une mauvaise décision, il me tire les oreilles. Quand j'ai besoin d'un conseil, il me montre le chemin à suivre. Mais mes parents disent que Bebat n'existe pas car ils n'arrivent pas à le voir !

Ce que je déteste par dessus tout ? Voir une personne qui jette des piles dans la poubelle ou dans la nature. Je pense alors à la pollution que cela peut entraîner... et je ne dors plus pendant une semaine !

Mon surnom ? Petite pile ! Comme je suis tout le temps énergique, mes amis me comparent à une pile électrique... Cela tombe assez bien puisque je passe mon temps parmi les piles.

Mon passe-temps préféré ? Faire du vélo en ville.

ACTIVITÉS

J'adore rouler sur la piste cyclable... et dépasser les voitures qui sont coincées dans les bouchons. Dommage que je doive respirer les gaz d'échappement...
Mon proverbe ? « Rien ne se perd, rien ne se crée, tout se transforme. »

1. De quel type de document s'agit-il ?

   C'est ....

2. Dites dans quel domaine Babet s'investit totalement.
   - [ ] la politique
   - [ ] le spectacle
   - [ ] l'écologie
   - [ ] la télévision

3. Quand Babet se met-elle en colère ?
   - [ ] Quand on passe avec le rouge.
   - [ ] Quand une personne ne respecte pas la nature.
   - [ ] Quand elle fait du vélo.

4. Quels sont ses passe-temps préférés ?
   - [ ] le cyclisme
   - [ ] ramasser des piles
   - [ ] donner des conseils aux autres

5. Que lui écririez-vous ?

   Nom : _____

   E-mail : _____

   ton message :

   _____

   [Envoyer]   [Annuler]

ACTIVITÉS

DELF 2 Vous écrivez un petit mot à une amie qui est plutôt déprimée car son petit ami l'a quittée.

Utilisez les verbes suivants :

> oublier avec le temps   sortir   s'amuser
> venir me voir   retrouver   rencontrer

les adjectifs suivants :

> jaloux   ennuyeux   triste   charmant   sympathique

Détente

Horizontalement

1. Qui ne sont pas inconstants, ni volages.
2. Sert à désigner 365 jours – Idiot, stupide.
3. Quotient d'intelligence – Article défini féminin.
4. Préposition de lieu – Louis XIV l'était.
5. Se rendra – Préposition.
6. Se plaindre.
7. Dans une salle d'attente, on...
8. Participe passé du verbe voir.

Verticalement

1. Quatrième note de musique – Il sert à réchauffer ou à cuire les aliments.
2. Le père de Cécile l'était, puisqu'il a demandé à son nouveau voisin de surveiller sa fille.

A C T I V I T É S

3. Quand quelqu'un nous embête, il nous fait mettre en colère, il nous...
4. Conjonction de coordination – On le dit d'une personne qui est bien ignorante !
5. Il s'agit d'un métal précieux – Sigle anglosaxon de desoxyribonucleic acid, souvent utilisé pour A.D.N.
6. Désinence de la deuxième personne du singulier pour les verbes du premier groupe – Symbole du Radian.
7. L'amitié entre Cécile et Jean Michel ne l'était pas.
8. Adjectif possessif correspondant au pronom : la tienne – Participe passé du verbe savoir.

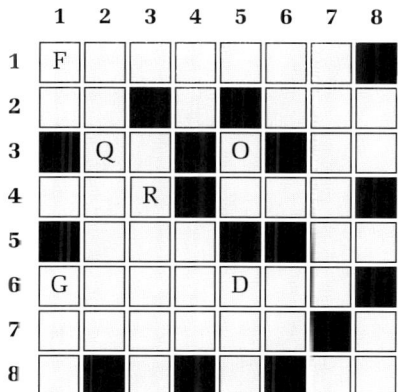